Claus Janew · Bewusstsein als I-Struktur

Claus Janew

# Bewusstsein als I-Struktur

## Das Spiel der Unendlichkeiten

Sumari-Verlag

Über den Autor:

Claus Janew, geboren 1966 in Dresden, erforscht seit über 25 Jahren unabhängig philosophische, spirituelle und psychologische Zusammenhänge und betrachtet die ständige Arbeit an sich selbst als eine Lebensaufgabe. Er hat mehrere Artikel in deutsch- und englischsprachigen Zeitschriften - jetzt im Essayband *Bewusstsein und Realität* - sowie das Buch *Die Erschaffung der Realität* über eine von ihm neu entwickelte Metaphysik veröffentlicht. Außerdem ist seit 2012 der lebenspraktische Ratgeber *Wahrhaftigkeit: Mit welchem Bewusstsein wir Realität erschaffen* erhältlich.

Webseite:

www.bewusstsein-und-realitaet.de

Erstveröffentlichung 2013

Ich danke Karin, Jacqueline und Kurt fürs Probelesen
und Rajagopalan für seine hartnäckigen Fragen.

Claus Janew
Sumari-Verlag
Tiergartenstraße 26a
01219 Dresden
Deutschland

clausjanew@sumari-verlag.de
www.sumari-verlag.de

ISBN-10: 3-9815171-2-1
ISBN-13: 978-3-9815171-2-5

# Inhaltsverzeichnis

# Kurz bevor es losgeht

Dies ist ein Gespräch, das so nie stattgefunden hat und doch ständig abläuft - ein Dialog des Innern auf der Suche nach der Wahrheit, lediglich ausformuliert zu einem Interview. Ursprünglich hatte ich vor, echte Leserfragen zu beantworten, doch die Diskussion entwickelte von Anfang an eine eigene Dynamik, deren Logik und Rhythmus mir bald sinnvoller erschien als eine Frage-Antwort-Liste. Manche dieser Fragen sind dennoch eingegangen, aber verwandelt, zielgenauer, verstärkt und ergänzt durch meinen inneren Skeptiker. Andererseits ist die Zahl der möglichen Aspekte und Erläuterungen unbegrenzt, so dass ich ständig auswählen musste, welchen Weg ich weiterverfolge. Vollständigkeit gibt es nur in der Vielfalt.

Sie müssen nichts weiter von mir gelesen haben, um das Buch zu verstehen, auch wenn ich manchmal auf das größere Themenspektrum meines Hauptwerks "Die Erschaffung der Realität" verweise. Um der zeitlichen Effizienz willen habe ich mich nach dessen Veröffentlichung auf den Kern mit dem größten Neuheitswert konzentriert. Dementsprechend werden hier vor allem diese Kernthesen hinterfragt.

Einige Fragen braucht man vielleicht gar nicht so weit zu treiben: Die meisten philosophischen Konzepte bleiben in einem bescheideneren Rahmen. Doch mich hat es schon immer gereizt Grenzen zu überschreiten, geistig dorthin zu gelangen, wo noch kein Mensch gewesen ist. Und wenn Sie nicht selbst ein bisschen so wären, würden Sie dieses Buch bestimmt nicht lesen. ☺

## Tag 1: Was ist eine Bewusstseinseinheit?

*Herr Janew, Sie behaupten eine Grundstruktur des Bewusstseins entdeckt zu haben. Müssten wir jetzt nicht alle elektrisiert aufspringen?*

Ich denke nicht, dass so etwas geschieht. Dafür liegt diese Struktur zu nahe. Niemand will gern glauben das Wichtigste ständig zu übersehen.

*Oops. Und das wäre?*

Zunächst einmal, dass Materie keinen Boden hat. Das ist nicht neu, doch wir ignorieren es. Stattdessen glauben wir immer noch an eine Art Substanz, die die Welt zusammenhält. Wir können sie ja anfassen, nicht wahr?

Die Quantenphysik ist zwar ein bisschen weiter, sie spricht von Feldern, Wahrscheinlichkeitswellen und, wie die Physik überhaupt, von Naturgesetzen, doch sie weigert sich in aller Regel weiter zu fragen: Worauf *beziehen* sich all diese Gesetzmäßigkeiten? Inwiefern sind sie die Grundlage der Welt?

*Nun, man könnte ja sagen, sie sind das Verlässlichste, was wir kennen. Etwas worauf alles andere beruht.*

Und das ist ein Widerspruch! Unsere Kenntnisse sind viel zu veränderlich, denn die Bedingungen, unter denen sie gewonnen werden - Voraussetzungen, Theorien, Instrumente, Versuchsaufbauten, Interpretationen - sind von uns selbst festgelegt. Nur so können wir sagen: "Unter genau diesen Bedingungen, erhalten wir dieses Ergebnis."

*Aber die Vorrausetzungen sind doch nicht willkürlich festgelegt, sondern das Resultat jahrhundertelanger Erfahrungen...*

Ja, Voraussetzungen, die auf den Ergebnissen von Voraussetzungen beruhen. So schafft man sich eine mehr oder weniger stabile Realität.

*Sie meinen durch Ignoranz?*

Zu einem großen Teil, ja. Damit die Möglichkeiten nicht ausufern, müssen die theoretischen Voraussetzungen immer wieder neu eingeschränkt werden. Und wir können praktische Versuche nur durchführen, wenn wir klare Bedingungen festlegen.

*Diese Versuchsergebnisse sind dann aber stabil?*

Weitgehend, wenn man Fehler oder Ausreißer statistisch ausbügelt.

*Also sind wir selbst zu verlässlichen Aktionen in der Lage. Warum sollten wir dann annehmen, dass unter gleichen Bedingungen woanders etwas anderes herauskommt?*

Weil "woanders" andere Bedingungen bedeutet.

*Gut, sagen wir, wir haben ein Gesetz, dass unter weitgehend gleichen Bedingungen weitgehend gleiche Resultate liefert und das so grundlegend ist, dass sich weitere Gesetze darauf beziehen müssen. Zum Beispiel das Gravitationsgesetz. Warum wollen Sie das nicht als Realitätsgrundlage anerkennen?*

Meinen Sie das Newton'sche oder das Einstein'sche Gravitationsgesetz? Oder die Quantengravitation? Nein, Scherz.

Oder auch nicht. Denn solche Gesetze sind zu kompliziert, um wirklich grundlegend zu sein. Weil die Bedingungen, unter denen sie von Bedeutung sind, schon zu speziell sind. Aber ein Gesetz, das nicht "zu Land, zu Wasser und in der Luft" gilt, kann ich nicht als fest betrachten.

*Müssen Sie immer so unpazifistische Anspielungen bringen?*

Tut mir leid, ich habe als Kind nur Cowboy und Indianer gespielt. Muss wohl eine meiner Voraussetzungen sein.

*Wir haben also nichts Festes, nichts Endgültiges. Was ist dann real? Haben Sie einen besseren Vorschlag?*

Etwas, worauf alles andere beruht, muss so einfach wie möglich sein. Nur dann kann es in allem anderen enthalten sein und dort Struktur und Aktion bestimmen. Dieses Etwas ist sogar altbekannt.

*Ach? Was ist es denn nun?*

Wechsel.

*Sie meinen Veränderung? So wie Heraklit nicht zweimal in denselben Fluss steigen konnte?*

Fließen ist eine spezielle Form des Wechsels, mit vielen Zwischenschritten, die wir nicht ohne Weiteres auflösen können. Aber wenn Heraklit die Augen kurz schließt und wieder öffnet, hat er seinen Beobachtungsstandpunkt deutlicher gewechselt.

*Moment. Er steht doch noch an derselben Stelle!*

Im Verhältnis zum Fluss nicht. Er sieht einen anderen Fluss, und wer von beiden sich bewegt hat, weiß man nicht, ohne weitere Bezugspunkte hinzu zu nehmen. Zu diesen muss man ebenfalls wechseln und bildet so eine Ganzheit, die darüber entscheidet, was statisch ist.

*Das heißt, stünde Heraklit auf einem Floß auf dem Fluss, würde sich das Ufer bewegen?*

Ja. Aber da er meist zu Land unterwegs ist und sich überwiegend mit Leuten auf dem Land unterhält oder mit solchen, die sich mehr an Land aufhalten, nimmt das Land einen größeren Teil seines Bewusstseins ein und wird als Stabilitätsanker dominieren.

*Was ist mit dem Seemann, der nun wirklich nicht allzu oft an Land ist. Hält er die Bewegung des Ufers etwa für primär und glaubt, es würde an ihm vorbeiziehen?*

Ohne weitere Bezugspunkte könnte er das, so wie Ptolemäus die Sonne für äußerst beweglich hielt.

*Aber wir wissen, er hatte letztlich unrecht. Wir konnten dies eindeutig ermitteln.*

Weil wir einen größeren Beobachtungsstandpunkt eingenommen, unser Bewusstsein erweitert haben, in welchem die Position der Sonne stabiler ist als die der Erde. Ich gebe zu, wir haben damit eine allgemeinere Tatsache gefunden. Aber jede Veränderung ist die Veränderung von Verhältnissen zueinander. In der Ganzheit solcher Veränderungen ist die Position der Sonne stabiler.

*Und wir kennen keinen Fall in dem es anders wäre!*

Doch. Nehmen wir an, ein anderer Stern reißt die Erde aus der Umlaufbahn, und zwar entgegen der Umlaufrichtung der Galaxis. In diesem größeren, sozusagen galaktischen Bewusstsein ist die Position der Erde nun stabiler, da sich die Sonne schneller um das galaktische Zentrum bewegt. Nur wenn wir das altbekannte Sonnensystem zur *Bedingung* machen, ist die Sonnenposition fester.

Ich habe noch einen: Eigentlich bewegen sich Sonne und Erde beide um einen gemeinsamen Schwerpunkt innerhalb der Sonne. Die Sonne eiert also ein bisschen. Und da sie viel mehr Masse enthält, beinhaltet dieser Tanz genauso viel Bewegung wie der Umlauf der Erde!

*Ist ja gut. Alles Verhältnisse von Veränderungen zueinander... Warum aber sprechen Sie hier schon von Bewusstsein? Sie haben es doch noch gar nicht definiert.*

Weil wir ihm nicht entkommen können. Das heißt, wir müssen Bewusstsein mit dem Bewusstsein verstehen, ein Selbstbewusstsein ausbilden. Erst danach können wir versuchen, davon abzusehen, ohne uns zu verlaufen. In meinem Buch "Die Erschaffung der Realität" schreibe ich im ersten Viertel nur vom Beobachtungsstandpunkt. Der Blickwinkel ist für Realisten gewohnter, aber es ist die gleiche Abstraktion.

*Sie sagten allerdings, der Wechsel sei die Basis. An welcher Stelle also kommt das Bewusstsein ins Spiel?*

Es ist schon im Spiel, denn der Wechsel *ist* bereits Bewusstsein, sogar in der einfachsten Form. Nicht bloß weil *wir* ihn betrachten, sondern weil er etwas enthält, das wir bisher nicht ernst genommen haben: den Mittelpunkt. Nehmen wir den einfachsten denkbaren Wechsel zwischen zwei Was-auch-immer, hier nur repräsentiert von zwei wechselweise aufleuchtenden Quadraten:

Diese müssen auch nicht nebeneinander blinken, sondern können sich gegenseitig ersetzen. Wir brauchen dafür weder Raum noch Zeit. Es ist nur ein Wechsel des Vorrangs. Dennoch wird jedes Quadrat nur gegen das andere gemessen, sonst gäbe es keins von ihnen. Das heißt, jedes existiert nur *im* Wechsel, der Wechsel ist eine Ganzheit. Und eine Ganzheit hat einen Mittelpunkt.

*Okay, und wo ist das Bewusstsein?*

Sehen Sie nochmal hin. Die Quadrate dienen nur der Veranschaulichung. Es könnte sich um alles handeln, das sich auf irgendeine Weise voneinander unterscheidet, voneinander abgrenzt. Dieser Unterschied hat ein unendlich kleines Zentrum, ein Drittes sozusagen, das ebenso mit dem Wechsel steht und fällt wie die wechselnden Seiten. Nur eine solche Ganzheit kann wirken. Alles andere fällt auseinander.

*Und was ist nun das Bewusstsein?*

Bewusstsein ist eben diese ganzheitliche Wahrnehmung. Sie ist intuitiv *und* logisch, sie wird *unmittelbar,* also ohne *notwendige* Zwischenstufe, erfahren. Und doch kann sie aufgeschlüsselt, erweitert und verstanden werden. Sie ist selbstbezüglich und allgegenwärtig. Sie reicht ins unendlich Kleine und unendlich Große, ins Einfache und Komplexe. Sie ist das Allgemeinste unserer Wahrnehmung, und mehr als Wahrnehmung haben wir nicht. Was sonst wollen Sie einem Bewusstsein zuordnen?

*Hm... Man könnte also auch umgekehrt sagen: Wir nehmen unsere ursprünglichste Wahrnehmung und schauen nach ihrer mindesten Struktur. Und das ist jene ...*

... Infinitesimalstruktur, ja genau. Der Einfachheit halber können wir sie I-Struktur nennen.

*I-Struktur ist also Bewusstsein?*

Ja.

*Fehlt da nicht noch einiges? Zum Beispiel Gefühle? Oder die Wahrnehmung einer Farbe, eines Tones?*

All das sind bekanntermaßen Schwingungen, also unterschiedliche Formen von Wechseln, die wir ganzheitlich wahrnehmen. Nun müssen wir aber aufpassen:

Was ich gerade beschrieben habe, ist das absolute Minimum, eine Bewusstseinseinheit. Ein solches Minimum kann sich von anderen Minima nicht unterscheiden, ohne mit ihnen schon eine größere Struktur zu bilden. Das bedeutet umgekehrt: Jede Bewusstseinseinheit kann nur innerhalb eines größeren Bewusstseins existieren, durch das ihre Eigenheit erst definiert wird.

*Beißt sich so nicht die Katze in den Schwanz? Ich meine, sollten die Einheiten nicht ein größeres Bewusstsein aufbauen, statt durch dieses bestimmt zu werden?*

Eins bedingt das andere. Das größere Bewusstsein braucht Elemente seiner Struktur und das elementare Bewusstsein braucht eine größere Struktur, in der es eine charakteristische Position einnimmt. Im Übrigen beginnen wir natürlich immer mit *unserem* Bewusstsein, das nicht so elementar sein sollte.

*Was ist dann der Unterschied zwischen einer Bewusstseinseinheit und einem Elementarteilchen, wenn wir voraussetzen, dass ein solches wirklich elementar ist?*

Das eben können wir nicht voraussetzen. Bisher haben wir noch jedes Teilchen nach kurzer Zeit zerlegt, wenn es das nicht selbst hinbekommen hat. Aber *wenn* es ein wirklich elementares Teilchen gäbe, könnte es nur wechselwirken, indem es in eine größere Beziehung tritt, und so hätte es das gleiche Problem wie die Bewusstseinseinheit. Es verliert seine Ursprünglichkeit, es existiert nur in der Beziehung.

*Ursprünglich ist damit nur der jeweilige Ausgangspunkt der Wahrnehmung...?*

Exakt.

*Diese Wahrnehmung ist aber nicht so i-strukturiert, oder? Wir sehen ja Flächen, Körper und so weiter.*

Doch, ist sie. Da wir immer nur Ganzheiten wahrnehmen, ist jede Veränderung einer solchen Wahrnehmung ein Wechsel der Ganzheit. Wenn Sie also einen Schritt zur Seite gehen, hat sich Ihre ganzheitliche Wahrnehmung, sagen wir eines Körpers, komplett geändert. Um die Veränderung zu bemerken, müssen Sie mit der Wahrnehmung der vorhergehenden Ganzheit vergleichen und haben wieder jenes Hin-und-her-Wechseln.

*Hier gibt es aber viele Zwischenstufen. Ich nehme ja eine gleichförmige Veränderung meines Blickfeldes wahr.*

Richtig. Das ändert allerdings nichts an der Grundtatsache des ganzheitlichen Wechsels. Ob er kontinuierlich stattfindet oder sprunghaft, ist zweitrangig. Ja, man kann sogar sagen, alle Wechselseiten sind immer *auch unmittelbar* miteinander verknüpft, da der einzige *notwendige* und *immer* vorhandene Übergangspunkt das infinitesimale Zentrum zwischen ihnen ist. Ein unendlich kleiner Übergang aber findet *unmittelbar* statt!

*Wozu brauchen wir diesen Übergang, wenn er eigentlich nicht da ist?*

Er ist zugleich da und nicht da. Deshalb ist er auch unendlich klein und nicht einfach null. Zum einen ist er als Zentrum genau bestimmt, zum anderen leer. Wir brauchen ihn genau so, als ein Nichts mit konkreter Bedeutung. Als konkretes Nichts.

*Um sich diesem Punkt unendlich anzunähern bedarf es doch eines Übergangs zu ihm. Nun sagen Sie aber, dieser Übergang sei eigentlich nicht nötig, denn der Wechsel zwischen den Seiten erfolge sofort.*

Das liegt daran, dass wir nichts als den Wechsel haben. Jede Zwischenstufe zum Zentrum hin wäre ebenfalls das Ziel eines Wechsels. So können wir den Zentralpunkt zwar über viele Zwischenwechsel annähern, genaugenommen aber bleibt jedes Zentrum *sofort* erreichbar. Doch da es beliebig eng umschrieben werden kann, wird es *auch* angenähert. Es ist *sowohl* unendlich klein *als auch* null.

Eine Bewusstseinseinheit existiert ja gar nicht, wenn sie nicht in eine *Struktur* übergeht. Sie hat nur Bedeutung innerhalb dieser Struktur, als deren fast infinitesimales Zentrum. Was ich als zwei wechselnde Was-auch-immer bezeichnet habe, sind eben solche Strukturen. Einen Wechsel zwischen nichts kann es natürlich nicht geben.

*Wohl aber Wechsel schlechthin?*

Ja. Denn alles wechselt und wir können über Wechsel an sich nicht hinausgehen. Er bildet die scheinbar statischen Gebilde der Welt, die ich deshalb "quasistatisch" nenne. Hin-und-her-Bewegungen, Rotationen, Wechsel in allen möglichen Formen.

*Damit wird die Welt gewissermaßen ätherisch. Es gibt nichts Festes, keine Mindestgröße, nichts was man als wirklich materiell bezeichnen könnte. Wie ordnen Sie die Quantentheorie hier ein? In ihr gibt es ja zumindest das Planck'sche Wirkungsquantum als kleinste Recheneinheit.*

Auch dieses Quantum wird bereits in Frage gestellt. Ebenso die Konstanz der "Naturkonstanten". Eine absolute Größe ist einfach nicht zu Ende gedacht. Jede Grenze kann überschritten werden, denn diese Grenze wird durch ihre momentane Überschreitung definiert. Probieren Sie es aus!

*Die Quantenphysik beschreibt jedoch ganz andere Beziehungen, verschränkte Zustände sogenannter Teilchen: Nichtlokale Zusammenhänge, Wahrscheinlichkeitswellen und so weiter.*

Ich bin geneigt zu sagen, solche unmittelbaren Zusammenhänge über große Entfernungen weisen in die Richtung, die ich vorhin beschrieben habe. Wir müssen allerdings sehen, dass die *Feststellung* eines unmittelbaren Zusammenhangs nur außerhalb der Unmittelbarkeit möglich ist. Wir müssen zu dem anderen Teilchen ganz normal hinübergehen, um seinen Zustand mit "unserem" Teilchen zu vergleichen. Deren sofortiger Zusammenhang ist eine *Schlussfolgerung* aus einem nicht sofortigen Zusammenhang. Dennoch spielt die Unmittelbarkeit hier eine deutlichere Rolle als in unserer Allltagsanschauung. Man kann schwerer von ihr absehen, da sie strukturell offenbar tiefer verankert ist. Besonders ihr Wahrscheinlichkeitscharakter deutet darauf hin.

*Das bringt mich zu einer anderen Frage: In Ihren Büchern geben Sie dem Zentralpunkt noch weit mehr Bedeutung. Sie sehen in ihm sozusagen das Kontinuum der Welt verdichtet. Wie passt das hierher?*

Nun, eine Bewusstseinseinheit als das absolut Kleinste vor der Null muss mit unendlicher Geschwindigkeit wechseln, denn es gibt ja keinen Zwischenraum für Verzögerungen. Doch sobald wir über diese Einheit hinausgehen, besser gesagt von ihrer Herleitung zurückkehren, kann sich das "Tempo" verringern. Und damit beginnen sich zwei Wahrnehmungsweisen des Wechsels zu unterscheiden: die quasistatische und die dynamische.

*Die quasistatische Sichtweise haben Sie schon angedeutet...*

Ja, es ist die Herausbildung scheinbar statischer Objekte aus dem Wechsel der Perspektive...

*...die sich wiederum aus anderen, kleineren oder größeren Wechseln von Perspektiven ergibt.*

Oder aus erinnerten und vorhergesehenen, aus gedanklichen und sensorischen, aus geträumten und wachbewussten Erfahrungen.

*Das sind eine Menge Perspektiven, wenn man bedenkt, woraus die Welt so alles besteht!*

So ist es. Und deshalb können wir mit unserem begrenzten Bewusstsein auch nicht allen nachgehen. Wir bewegen uns immer in einem relativ kleinen Rahmen und dann im nächsten und so weiter, während wir die jeweils anderen als Potential im Hinterkopf behalten. Wir können sie weitgehend wiederherstellen oder wenigstens für wiederherstellbar halten. Aber wir verlieren die Bewegung, den Wechsel nicht aus den Augen. Das ist die dynamische Wahrnehmungsweise. Ich nenne sie Gewahrsein.

*Ist das Gewahrte bewusst?*

Wenn wir in etwas hinein und wieder zurück wechseln, kann in keinem Moment beides voll bewusst sein. Dennoch müssen wir uns der anderen Seite gewahr bleiben, sonst verschwände auch der Wechsel. Wir sind uns also des *Potentials* zu ihrer Wiederherstellung bewusst.

*Aber ist das nicht ein Widerspruch in sich? Das Ziel unseres Wechsels ist einerseits nicht bewusst, nur das Potential, und anderseits besteht der Wechsel aus beiden Wechselseiten gleichermaßen?*

Wir müssen einfach begreifen, dass wir nur den Wechsel *als solchen* haben. Er beinhaltet beide Seiten, aber mit abwechselnder Priorität. Es gibt keine Pause, in der nur eine Seite oder beide Seiten zugleich da sind. Der Wechsel *ist* also gewissermaßen Potential.

*Warum nur gewissermaßen?*

Weil das Potential schon wieder *als solches* zu existieren scheint, wie ein quasistatisches Objekt, dessen Wechselbewegung uns nicht mehr bewusst ist. Doch wir haben nur den Wechsel als solchen. Wenn wir nicht immer wieder festfahren wollen, müssen wir uns daran gewöhnen, ihn als nichts anderes zu betrachten als er ist. Wir können ihn nicht zu einem statischen Objekt kondensieren und uns dann über Widersprüche beschweren!

*Andererseits ist ein quasistatisches Objekt aber doch irgendwie statisch, oder nicht?*

Nein, eben nur quasi.

*Weil wir nicht genau hinsehen?*

Ja, weil wir es nicht können. Sobald wir uns von einer Bewusstseinseinheit, oder von All-dem-was-ist, worauf wir sicher noch zu sprechen kommen werden, entfernen, haben wir eine begrenzte Wechselgeschwindigkeit. Das heißt, wir können nicht mehr ganz genau sein, nicht mehr alles erfassen, sondern müssen Näherungen bilden. Wir kondensieren scheinbar statische Objekte aus. Die Wechselbewegung wird dabei größtenteils verdrängt.

*Wie muss ich mir dieses Auskondensieren vorstellen?*

Schauen Sie sich das einfache Beispiel von vorhin an. Jetzt haben wir einen Abstand zwischen den wechselnden Seiten:

Zentrum zwischen
Zentrum und Rand

Es gibt also viele Zwischenstufen, wie Sie sagten. Dementsprechend gibt es auch viele Zwischenzentren, je nach dem, zwischen welchen Stufen gewechselt wird. Ein Gesamtzentrum gibt es dennoch. Nun können wir sogar zwischen diesem Zentrum und den Rändern wechseln, was neue Zentren ergibt und so weiter. Die Infinitesimalstruktur wird ihrem Namen schon deutlicher gerecht.

*Aber ich sehe kein Kondensat.*

Nicht? Dabei habe ich das Zentrum schon verdächtig groß gemalt! Dehnen wir das Ganze noch ein bisschen aus, zu einer Rotation der Seiten:

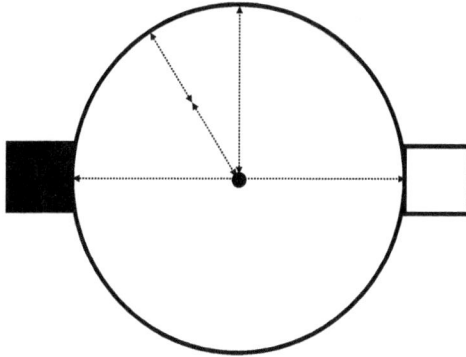

Sehen Sie es jetzt?

*Hm... Sie meinen das Ganze als solches?*

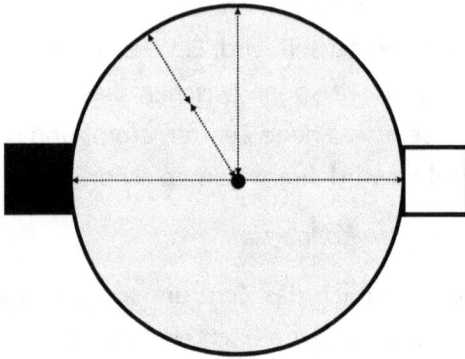

Nicht nur. Das Ganze als solches ist durch die Wiederholung des Wechsels, die Abhängigkeit der Seiten voneinander, relativ stabil, doch seine Stabilität wird am meisten durch das Zentrum symbolisiert, da es sich am wenigsten bewegt. Weil das Ganze aber ausgedehnt ist, bildet sich sein *repräsentativster* Zentralbereich um den Mittelpunkt *herum:*

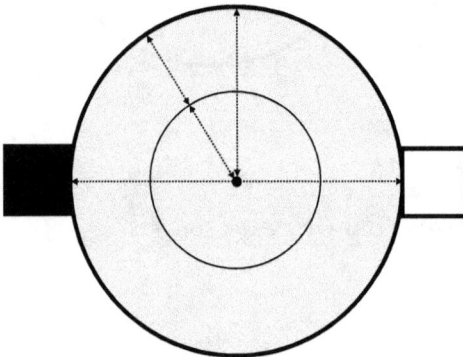

Wo genau, hängt nicht nur von der Änderung des Bewegungsverhältnisses im Bereich zwischen Mittelpunkt und Rand ab, sondern auch von der *Wichtigkeit* des Zusammenhalts. Denn dieser bestimmte Mittelpunkt gilt nur für genau *diese* Ganzheit. Er ist von allen Punkten am stärksten auf sie bezogen.

*Verstehe, der Mittelpunkt wird nur in Bezug auf die Ganzheit bestimmt.*

Genau. Je wichtiger also die *Einheit* des Ganzen gegenüber ihren Unterschieden ist, desto näher kondensiert der repräsentativste Bereich an der Mitte. Etwa so:

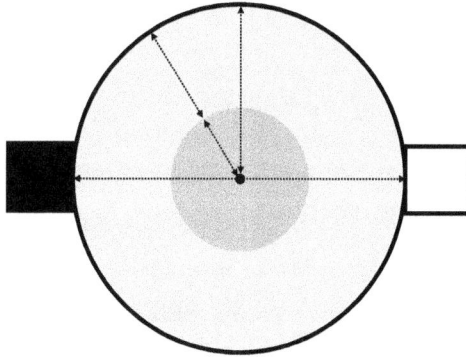

Von Raum und Zeit reden wir übrigens nur, weil wir uns daran gewöhnt haben. Eigentlich können auch wechselnde Traumszenen, Melodien oder was auch immer ein Zentrum umschreiben, eine Ganzheit fühlbar machen, die sich zu diesem Kern hin verdichtet.

*Gut, ich sehe oder vielmehr spüre das Kondensat. Was ist dabei das quasistatische Objekt? Das Kondensat oder die Ganzheit?*

Strenggenommen das Kondensat. Denn wenn wir mehr die Außenseiten beachten, wird es schon dynamischer, löst sich in wechselnde Blickwinkel auf. Doch wir können natürlich auch die Ganzheit *als solche* von verschiedenen Seiten betrachten, wobei wir ihr die Rolle des Objekts zuweisen und so weiter.

*Wir verfestigen damit also unsere Vorstellung... Ich finde, Sie haben Wechsel und Ganzheit ohnehin dargestellt als wären sie abgeschlossen. Doch in der Welt hängt ja alles zusammen. Wie kommt denn der Anschluss an andere Wechselstrukturen zustande?*

Man könnte auch zunächst anders herum fragen, warum sich die Seiten überhaupt wiederholen, warum es Umkehrpunkte der Bewegung oder Veränderung gibt.

*Okay, warum?*

Weil es sonst keinen Wechsel gäbe.

*Aha. Es ist zwar schon etwas spät, aber nun müssen Sie Ihre eigene Frage auch beantworten.*

Na schön, also warum Umkehrpunkte? Sie sind eine Seite des Wechsels und erscheinen so als Außenposten, der irgendeines Anstoßes für die Rückkehr bedarf. Doch man kann den Wechsel auch gleichsam umstülpen und beide Seiten *zusammen* als das Zentrum betrachten, das durch den Wechsel zu ihm hin und von ihm weg umschrieben wird. Dann ist die frühere Mitte der einzige Umkehrpunkt.

*Ich glaube, ich habe da irgendwo einen Knoten...*

Die Operation ist nicht symmetrisch, aber sie zeigt, dass beide Seiten nur *zusammen* existieren können. Sie sind eine aufgespaltene Mitte, aufgespalten durch den Wechsel. Jenseits davon ist nichts.

*Außer anderem Wechsel... Moment mal. Sagten Sie nicht, jede Grenze könne überschritten werden? Dann muss es also doch etwas da draußen geben!*

Und jetzt kommen wir zur Frage der Offenheit.

Oder doch lieber morgen?

*Na schön. Also bis morgen!*

## Tag 2: Entscheidungen überall

*Zur Offenheit des Wechsels fiel mir heute wieder ein, dass die Bewusstseinseinheit eigentlich eine Abstraktion aus einem größeren Zusammenhang ist. Sie kann also gar nicht abgeschlossen sein und demnach auch keine andere Ganzheit, die sich aus Bewusstseinseinheiten zusammensetzt. Oder?*

Jain. Eine abgeschlossene Einheit könnte für nichts anderes existieren, so weit einverstanden. Doch wir müssen diese Extremfälle zulassen, wie Sie gleich merken werden.

*Ich bin ganz Ohr.*

Machen wir mit der Rotation weiter, weil sie anschaulicher ist. Wir könnten aber auch ein Hin-und-her-Wechseln oder etwas Komplizierteres nehmen.

Der Weg von einer Seite zur anderen ist nicht so eindeutig, wie es in den Zeichnungen aussieht. In Wirklichkeit gabelt er sich ständig, da er sonst eine unüberschreitbare Grenze bedeuten würde. Eine solche aber ist in jedem Moment unzulässig, weil sie nicht widerspruchsfrei definierbar ist.

*Warum kehrt dann etwas zum Ausgangspunkt zurück, wenn es so viele andere Möglichkeiten gibt?*

Darauf habe ich eine schockierende Antwort. Aber zunächst einmal frage ich Sie: Was bliebe am längsten übrig, wenn alle Fortsetzungsmöglichkeiten, offene und geschlossene, genutzt würden?

*Hm. Die geschlossenen?*

Ganz genau. Und wären die offenen *völlig* offen, würden sie keinen einzigen Moment lang existieren. Denn wer sollte dann eine Ganzheit wahrnehmen? Andererseits: Völlige Geschlossenheit würde sich kein bisschen ändern, wäre also nicht anschlussfähig, nicht wahrnehmbar.

*Okay, wie kommen wir aus dem Dilemma raus?*

*Kein Vorschlag?*

*Bewusstseinseinheit?*

Treffer.

*Aber wie?*

Eine Bewusstseinseinheit ist ja auch eine Ganzheit, nur wechseln ihre Seiten unmittelbar, also in Nullzeit, und daher ebenso unmittelbar in den Zentralpunkt hinein und aus ihm heraus. Es ist eine unendlich kleine Wechselstruktur, aber *auch* mehr als null.

*Ist es das, was man in der Nichtstandard-Mathematik eine Infinitesimale nennt, eine Zahl unendlich nahe bei der Null?*

Nicht ganz, denn diese Zahlen werden in der Nichtstandard-Analysis doch wieder nur als Objekt behandelt. Eine Bewusstseinseinheit ist dagegen ständig am Flimmern. Sie wechselt zwischen exakt null und infinitesimalen Seiten.

*Ah! Und so werden Geschlossenheit und Offenheit vereint! Indem sie unendlich nahe beieinanderliegen...*

Eben nicht!! Sondern indem sie unendlich schnell zueinander *wechseln!* Das ist etwas anderes als eine asymptotische Annäherung, bei der sie sich im unendlich Kleinen treffen. Ich meine Offenheit und Geschlossenheit im selben Moment!

*Ohne Widerspruch zueinander...*

Ohne ungesunden Widerspruch. Denn der "Widerspruch" von dem wir hier reden ist allgegenwärtig, die Basis unserer Welt. Er hat keinen Gegensatz, der ihm vorzuziehen wäre, denn dieser würde im selben Moment verschwinden.

*Hat man das nicht früher einen dialektischen Widerspruch genannt? Hegel ...*

Hegel hat das nicht so genannt, aber er hat die Einheit von Existenz und Nichtexistenz oder, wie er es verstand, von Sein und Nichtsein erkannt. Nicht nur weil eins das andere zu seiner Bestimmung braucht, sondern weil ständig eins ins andere übergeht. Alles ist ständig im Werden.

*Und das ist etwas anderes?*

Hegel ist nur den halben Weg gegangen. Er hat geglaubt, die Notwendigkeit des Weltprozesses bewiesen zu haben, doch er hat sie bereits vorausgesetzt. Werden ist nicht Wechsel. Im Werden gibt es keine Gabelung, sie kann nur von außen hinzukommen. Im Wechsel dagegen ist die Gabelung eingebaut.

*Zwischen Offenheit und Geschlossenheit, verstehe.*

Auch zwischen verschiedenen offenen Wegen, wie wir noch sehen werden. Aber kommen wir zunächst zur Einheit von Offenheit und Geschlossenheit zurück. Diese ist nicht lau oder diffus, obwohl sie das auch sein *kann*, wenn wir sie zu einer Näherung verwässern. Stattdessen geht sie bis ins Allergenaueste. Es gibt in letzter Konsequenz gar keine Trennung zwischen Geschlossenheit und Offenheit, so dass Objekte immer Anschluss an andere Objekte finden.

*Anders hätten wir die Bewusstseinseinheiten auch nicht aus ihnen ableiten können.*

Genau.

*Was ist mit dem Extremfall völliger Geschlossenheit, den Sie erwähnten?*

Den muss es ebenso geben wie den Extremfall völliger Offenheit und alle anderen Extremfälle. Denn jede Seite des Wechsels wird tatsächlich erreicht. Ebenso wie der Zentralpunkt. Nur eben für einen unendlich kleinen Moment.

*Weshalb die Einheit mit der anderen Seite überhaupt erst möglich ist. Langsam steige ich dahinter.*

Freut mich.

*Aber ich bin nicht schockiert.*

Hm?

*Sie haben mir doch einen Schock versprochen.*

Ach so, ja. Offenheit an sich ist ja nicht alles. Wenn die Tür schon mal offen steht, können wir auch in verschiedene Richtungen abbiegen. Sonst hätten wir gleich wieder eine Geschlossenheit eigener Art.

*Die Geschlossenheit der Richtung.*

Keinen Kreisverkehr, aber keine weitere Alternative, ja. Das heißt, wir sind schon wieder an einer Gabelung.

*Was machen wir nun?*

Wir wählen.

*Ach!*

Sind Sie schockiert?

*Vielleicht später.*

Der Wechsel zwischen zwei oder mehr Seiten ist doch nichts anderes als das Abwägen zwischen Alternativen. Das Einzige, was wir müssen, ist in Bewegung bleiben. Denn Wechsel ist unausweichlich, bei Strafe unserer Eliminierung. Das bedeutet, wir sind immer in einer *Entscheidungssituation.*

*...über den weiteren Weg. Das muss man sich auf der Zunge zergehen lassen.*

Wie Sie meinen. Jedenfalls ist die Richtung des weiteren Wechsels, der weiteren Bewegung unbestimmt.

Hier muss ich abschweifen: Bewegung ist ja asymmetrisch, also offen. Dennoch kann sie nur in der wechselweisen Wahrnehmung mit ihren vorhergehenden Abschnitten existieren, sonst löst sie sich schneller auf als wir "Pff" sagen können. Sie hätte noch nicht einmal eine Richtung, die ja wiederum nur im wechselweisen Vergleich mit ihren Alternativen existiert. Es wäre der Extremfall absoluter Offenheit und damit Strukturlosigkeit.

Richtung verstehe ich auch wieder nicht in erster Linie raumzeitlich, sondern als Richtung von einer Priorität zur anderen. Wenn wir sie ins Raum-Zeit-Diagramm zeichnen können, gut. Doch auch Assoziationen zum Beispiel haben Richtungen vom Wichtigen zum noch nicht Wichtigen.

*Ihre Katzen, sind das Geschwister?*

Sind Sie noch da?

*Ja, Entschuldigung. Sprechen Sie von einer Spirale?*

Spirale?

*Ja, eine Spiralbewegung. Ein Hin-und-her-Wechseln zwischen Bewegungspunkten, wobei sich das Ganze fortbewegt, ergibt eine seitlich auseinandergezogene Spirale.*

Aber nur oberflächlich betrachtet. Diese Spirale ist vielmehr Erscheinungsform einer I-Struktur, eines *vollständigen* Wechsels der

Punkte, der dennoch sofort weiterspringt. Eine i-strukturierte Spirale, wenn Sie so wollen.

*Können Sie dafür ein Beispiel ...?*

Natürlich. Wir waren doch beim Wählen. Wir wechseln zwischen Alternativen unserer weiteren Bewegung, unseres Potentials. Eine davon *müssen* wir nehmen. Sagen wir, entweder einen neuen Weg oder einen alten. Wir wählen hier also zwischen einer offenen und einer geschlossenen Fortsetzung. Welche davon, ist offen. Bestimmt sind nur die Unbestimmtheit und die Entscheidung als solche.

Wir wechseln also auch zwischen dieser Unbestimmtheit und unserem Entscheidungszwang. Das heißt, wir umschreiben ein Zentrum *sowohl* zwischen den Alternativen *als auch* zwischen den Alternativen und dem Entscheidungsdrang.

*Und damit ein Zentrum zwischen diesen beiden Seiten...*

Ja.

*Und Zentren zwischen diesem Zentrum und den anderen.*

Und so weiter.

*Das ist die Infinitesimalstruktur!*

Alle Wechselseiten sind an irgendeiner Stelle miteinander identifiziert und an irgendeiner anderen sogar mit ihrer Unterscheidung.

*Was nach konventionellem Verständnis eigentlich nicht geht...*

...aber, wie wir gesehen haben, die Basis unserer Welt ist, bis zur kleinsten denkbaren Einheit.

*Können wir nicht einfach sagen, die Seiten treffen sich in der Mitte und eine davon wird gewählt?*

Sagen können wir vieles, aber ausdrücken können wir damit nichts. Denn so können wir Entscheidung nicht erklären, nur mechanische Fortsetzungen und Zufälle. Mit so einer Verschmelzung würden wir von der Notwendigkeit absehen, die Dinge auch zu unterscheiden. Wir hätten nur fließenden Brei.

*Dagegen führt das, was Sie erklärt haben, zu einer freien Wahl?*

Ja, denn die infinitesimale Einheit von Bestimmung und Unbestimmtheit ist nicht aushebelbar und nicht auf eine Seite reduzierbar. Freie Entscheidung, nicht Zufall, ist die einzige Deutung, die bleibt.

*Grundlage dafür ist, soweit ich sehe, die Notwendigkeit zu wechseln statt einfach fortzuschreiten.*

Nur Wechsel ist Unterscheidung und Einheit zugleich. Dieser Wechsel aber kann fortschreiten zu anderen Wechseln. Er wird es irgendwann tun, um den Anschluss an die Welt nicht zu verlieren oder, besser gesagt, weil die Alternativen zu verlockend sind, um sich ewig gegen sie zu *entscheiden*. Aber er muss nicht.

*Aber ich. Können wir eine kurze Pause machen?*

Klar doch. Ich erliege inzwischen wieder den Versuchungen der Kunst.

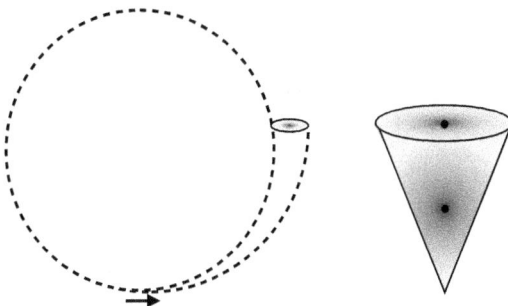

Wir wählen also ständig zwischen altem und neuem Weg, da wir den neuen stets mehr oder weniger in Betracht ziehen. Dabei bilden Geschlossenheit und Offenheit eine i-strukturierte Einheit. Entscheiden wir uns immer wieder maßvoll für das Neue, erhalten wir die *Näherung* einer Spirale.

*Lassen Sie mich kurz nachdenken... Wenn wir die Situation noch einmal mit Quadraten darstellen, dann haben wir jetzt einen Wechsel zwischen drei statt zwei Seiten, wobei die dritte für einen neuen Weg steht.*

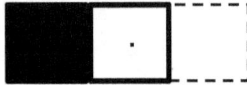

Genauer gesagt, steht sie für die *Möglichkeit* eines neuen Weges. Wir wechseln also auch mit einem *Potential als solchem*, das heißt ohne es gleich zu realisieren. Das ist in der Tat ein zusätzlicher Wechsel, allerdings ist es der Regelfall, den wir gestern nur fast bis zur Geschlossenheit vereinfacht haben. Wenn wir nun wie vorhin an der Tür auch die *Richtung* der Fortsetzung öffnen, erhalten wir noch mehr Wechselalternativen:

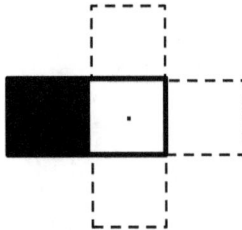

Und da sich letztlich *alles* öffnet, sein Potential bewusst wird, sind ständig *Entscheidungen* zu treffen. Ob sich der Wechsel weiterbewegt oder nicht, ist immer eine mehr oder weniger freie Wahl seines Bewusstseins!

...

Sie sind so ruhig?

*Also die Fortsetzung ist weder eine richtige Spirale noch ein richtiger Sprung, sondern ebenso eine* Entscheidung *für das eine oder das andere?*

Gut erkannt.

*Und da wir überall Wechsel gleich I-Struktur gleich Bewusstsein haben und alles mehr oder weniger offen ist, ist alles im dementsprechenden Maß frei gewählt.*

Sie haben es.

*Gut. Ich versuche es in Übereinstimmung zu bringen mit dem, was ich aus Ihren Büchern weiß, aber ich sehe im Moment keinen Widerspruch. Trotzdem werde ich noch Fragen haben.*

Wollen Sie erst einmal darüber schlafen?

*Gute Idee.*

## Tag 3: Gewahrsein im Wechsel

*Wenn ich die letzten beiden Tage zusammenfasse, dann ist Bewusstsein allgegenwärtig, und aufgrund seiner Struktur ist Entscheidungsfreiheit ebenso allgegenwärtig.*

Richtig. Der Zwang zum Wechsel der Situation, die I-Struktur und die letztliche Identität von Geschlossenheit und Offenheit ergeben eine ständige Wahl des weiteren Weges. Diese drei Faktoren sind im Grunde ein und dasselbe.

*Bewusstsein.*

I-Struktur, ja.

*Oder Gewahrsein?*

Auch das ist im Grunde dasselbe. Wir haben ja schon darüber gesprochen, dass jede Seite immer potentiell ist, dass es nur Wechsel als solchen gibt. Wenn wir meinen, zwei Seiten zugleich wahrzunehmen, täuschen wir uns strenggenommen. Wir heben sie aus dem umfassenderen Wechsel heraus, indem wir sie quer drehen und dabei ihren Wechsel scheinbar verlangsamen.

*Scheinbar?*

Darauf komme ich gleich. Wir bilden durch diese Drehung eine Näherung um das Zentrum der Seiten, nennen sie "Objekt" und vergessen seine Entstehung und die Details, die wir nun nicht mehr auflösen können. Auch die Seiten selbst werden so gebildet und so weiter, denn wir können auf Quergedrehtes kaum verzichten. Nur ein quasistatisches Bewusstsein kann scheinbar länger als null "Sekunden" existieren und hat "Zeit" etwas zu gewahren.

*Mann oh Mann. Gewahrsein muss also bewusst sein?*

Ja, bewusst oder unterbewusst, aber niemals unbewusst. Gewahrsein ist nur das potentiellere, dynamischere Bewusstsein. Oder anders herum: Bewusstsein ist das statischere Gewahrsein.

*Stopp, stopp! Was heißt unterbewusst?*

Das heißt bewusst unterhalb unseres Bewusstseins im engeren Sinn, nichts anderes als dynamisch existent, nur als Potential bewusst, als Potential zu einem Potential und so weiter. Aber immer als Seite eines Wechsels, sonst ist es buchstäblich "out".

*Okay, es ist alles potentiell. "Ich bin mir einer Sache gewahr" bedeutet also "Ich bin mir ihrer Potentialität bewusst"?*

Genau! Wir reden hier immer über das Gleiche. Lassen Sie sich nur nicht durcheinander bringen!

*Na ja. Wir nehmen ja normalerweise nicht an, dass uns das Unterbewusste immer zugänglich ist.*

Woher wissen wir dann, dass es da ist?

*Weil wir aus dem, was uns widerfährt, darauf schließen.*

Eben. Wir stellen uns begründeterweise ein komplexes Etwas vor, das "irgendwo dort" vor sich hin existiert und gelegentlich auf sich aufmerksam macht. Das ist potentielle Existenz, mit allen Unsicherheiten, die so ein Potential mit sich bringt. Wir könnten natürlich auch Stroh finden, wenn wir nachsehen.

*Verstehe. Ist potentielle Existenz das Gleiche wie dynamische Existenz?*

Nur die Betonung ist anders. Dynamische Existenz ist der Oberbegriff, aber potentielle Existenz können wir sagen, wenn wir mehr das Potential als solches betrachten, statt den Wechsel. Dynamische Existenz würde das Unterbewusste meinen, in das wir uns hineinversetzen. Damit würde auch eine größere Sicherheit beschrieben, aber keine absolute.

*Gut, das hat mich immer etwas verwirrt. Vielleicht ist das gleich ein guter Übergang zur Scheinbarkeit der Wechselverlangsamung...*

Versuchen wir's. Haben Sie sich schon gefragt, wie wir die ganzen Wechsel zwischen Randpunkten, Rand und Zentrum, deren Zentrum und Seiten, offenen und geschlossenen Fortsetzungen und so weiter geschwindigkeitsmäßig auf die Reihe bekommen? Und dann noch den Wechsel mit dem Rest des Universums?

*Äh... nein.*

Diese Frage hat mich viel beschäftigt. Innerhalb eines endlichen Bezugsrahmens ist sie relativ leicht lösbar. Was uns gerade weniger bewusst ist, kann schneller wechseln. Abstufungen in der Bewusstheit können demnach Abstufungen in der Wechselgeschwindigkeit sein. Ob dem tatsächlich so ist, kann man fast vernachlässigen.

*Wie das?*

Verstehen Sie mich bitte nicht falsch. Wir reden hier von einem sehr grundlegenden Prozess, dem viele weniger grundlegende Prozesse überlagert sein können. Ob etwas bewusst oder unterbewusst ist, kann von vielen Strukturunterschieden abhängen, bei denen wir nicht nach Geschwindigkeiten fragen. Zum Beispiel kann auch eine sehr langsame Bewegung die andere Wechselseite vermissen lassen. Andererseits kommen wir nicht darauf, dass es eine andere Seite geben könnte, wenn wir der Bewegung nicht vorauseilen. Höhere Geschwindigkeit bedeutet hier also *mehr* Bewusstheit.

*Oder eher mehr Gewahrsein?*

Bewussteres Gewahrsein. Wenn wir dagegen nicht vorauseilen, existiert dann die andere Seite überhaupt?

*Das ist wie die Frage, ob der Mond noch existiert, wenn wir nicht hinsehen.*

Er existiert. Weil wir auf einer tieferen Ebene immer wieder hinsehen, viel schneller als mit den Augen. Aber auch schneller als in Gedanken. Denn nur so können wir seine "Spur" scheinbar unbewusst finden, ihn spontan erblicken.

*Also macht doch die Geschwindigkeit den Bewusstheitsunterschied?*

Letztlich ja. Allerdings ist die Allgemeinheit dieser Erkenntnis eine logische Schlussfolgerung. Wir müssen dafür nicht jedem Detail eines komplexen Wechsels eine bestimmte Geschwindigkeit zuordnen. Dafür sind die Strukturen zu verschachtelt. Es genügt, wenn Differenzen der Wahrnehmungsgeschwindigkeit die *Gleichzeitigkeit* zweier Wechsel verhindern.

*Es gibt keine Gleichzeitigkeit von irgendetwas?*

Wie sollte es dann miteinander wechseln, das heißt eine Beziehung eingehen, wahrgenommen werden? Es kann höchstens "Wechselzeitigkeit" geben, also vor und zurück, oder zum Beispiel eine unselbständige "Gleichzeitigkeit" wie in der Quantentheorie. Wir reden übrigens von Zeit wieder nur als *einem* möglichen Maßstab.

*Schon klar. Aber so frage ich mich, wie meine Wahrnehmung einer Kerze langsam wechseln kann, während die Fortexistenz des Mondes hinter meinem Rücken eine viel höhere Wechselgeschwindigkeit voraussetzt? Laufen beide Wechsel nicht gleichzeitig ab?*

In dem Fall gäbe es keine Verbindung zwischen ihnen. Sobald sie aufeinander wirken, wechselt "etwas" zwischen ihnen, und das ist nichts anderes als ein ganzheitlicher Wahrnehmungsfokus. Sogar wenn es nur ein "Teilchen" wäre: Es hinterlässt eine *andere* Ganzheit und führt zu einer *anderen* solchen. Eine Ganzheit wird zu einer anderen.

*Die Kerze wird zum Mond.*

Grundsätzlich ja.

*Physikalisten werden sich die Haare raufen!*

Die kümmern sich lieber um Details. Auch wenn sie vom Licht reden, für das es übrigens keine physikalische Zeit gibt, oder von Feldern und Entropie, müssen sie ihre Wahrnehmung von der Kerze zum Mond verlagern, um eine dünne Verbindung zwischen beiden zu abstrahieren. Dabei nehmen sie wahr wie Sie und ich: individuelle Ganzheiten im Wechsel.

*Es gibt also einen Wechsel zwischen allen Wechseln.*

Und da es keine gleichzeitigen Wechsel geben kann, muss alles ein *einziger* Wechsel sein!

*Jetzt haben Sie aber ein Problem!*

Eine spannende Frage, nicht? Wie bekommen wir die Wechselgeschwindigkeiten in einem unendlichen Universum so zusammen, dass sie widerspruchlos ineinander übergehen?

*Erleuchten Sie mich.*

Ich habe einen Joker.

*Ahnte ich's doch.*

Ein unendliches Universum braucht für seine Ganzheit eine unendliche Wechselgeschwindigkeit. Dabei glaube ich gar nicht, dass unser Geschwindigkeitskonzept eine unendliche Haltbarkeitsdauer hat. Aber wir müssen mit dem arbeiten, was wir haben und seine Konsistenz auch anhand der Extremfälle nachweisen. Und etwas Allgemeineres als Wechsel haben wir nicht.

Tatsächlich bietet die unendliche Wechselgeschwindigkeit, die wir ja schon mit der Bewusstseinseinheit eingeführt haben, eine Menge mehr Möglichkeiten. Ein schneller Wechsel kann durch Wiederholung langsam erscheinen, ohne seine Geschwindigkeit zu verringern: Die durch die Wechsel*form* umschriebene Ganzheit ändert sich einfach gemächlich. Sogar wenn sie unendlich schnell umschrieben würde. Doch sie könnte sich auch selbst unendlich schnell ändern und würde dabei ebenso wenig in Konflikt mit ihrer unendlich schnellen Umschreibung kommen.

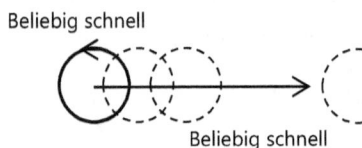

Beliebig schnell

Beliebig schnell

Unendlich plus irgendetwas ist wieder unendlich. Deshalb habe ich mit dem Universum kein Problem. Eine unendliche Wechselgeschwindigkeit kann *alles* umschreiben.

*Moment. Langsam... Vollständige Wiederholung, also Geschlossenheit, gibt es nicht, hatten Sie gesagt.*

Ich sagte sinngemäß, Geschlossenheit und Offenheit sind *auch* identisch, so wie die Seiten einer Bewusstseinseinheit: durch sofortigen Wechsel zueinander.

*Ich erinnere mich. Die Umschreibung der Ganzheit ist also ebenso offen wie geschlossen.*

Ja, aber je mehr die Geschlossenheit *betont* wird, desto langsamer beziehungsweise statischer erscheint sie. Die i-strukturierte Spirale wird sozusagen enger oder eben quergedreht.

*...und verliert doch nicht den Anschluss an den Rest des Universums.*

Korrekt. Querdrehung steht dabei für ein Bewusster werden, Quasistatischer werden.

*Und nun nehmen Sie die Unendlichkeit, um alles zu vereinen, was nicht zusammenpasst?*

Nur für das, was aus der Endlichkeit abgeleitet werden und nach heutigem Verständnis nahtlos ins Unendliche übergehen kann. So wie es Mathematiker machen, aber Physiker bequemerweise wegrechnen oder "renormieren", wie sie es nennen. Aber das ist ein anderes Thema.

*Gut, lassen wir das. Ich habe noch eine Frage: Am ersten Tag sagten Sie, alle Wechselseiten seien auch unmittelbar verknüpft.*

Weil sie als Ganzheiten strenggenommen nur das infinitesimale Zentrum zwischen ihnen zur Unterscheidung brauchen und auf jede Zwischenstufe das Gleiche zutrifft. Das ist die I-Struktur.

*Das heißt, einen unendlich schnellen Wechsel haben wir auch im Alltag?*

Sehr richtig.

*JETZT bin ich schockiert!*

Aber, aber. Wir sagten doch auch, dass wechselnde Strukturen eine Bewusstseinseinheit definieren.

44

*In ihrem Zentrum! Nun sieht es aber so aus, als sei die Bewusst-
seinseinheit ausgedehnt und würde den Strukturen selbst ent-
sprechen. Ein klarer Widerspruch!*

Weil so Einheiten Einheiten definieren?

*Ja!*

Na schön, ich gebe zu, die Bewusstseinseinheit im Zentrum war
eine Vereinfachung, besser gesagt ein Spezialfall.

*Was Sie nicht sagen.*

Ja, eine Erleichterung für Sie.

*Na klar.*

In Wirklichkeit können wir genauso wenig am räumlichen Denken kleben wie am zeitlichen. Diese Erleichterung macht es
manchmal auch schwieriger. Oder, was glauben Sie, ist eigentlich
eine Ganzheit? "Ganz" ist eins und nicht eins nach dem anderen.
Die Ganzheit hat natürlich eine Struktur, aber dennoch muss sie
*auch* eins sein! Das geht nur, wenn diese Identität *unmittelbar*
hergestellt wird. Also, da alles wechselt, mit unendlicher Geschwindigkeit.

*Jetzt bin ich völlig verwirrt!*

Das kriegen wir schon wieder hin. Die Wahrnehmung der Struktur ist - wie die Wahrnehmung der Ganzheit - einfach der Wechsel einer einzigen Bewusstseinseinheit.

*Ich leg' mich gleich hin.*

Bleiben Sie bei mir. Wir haben's gleich. Erinnern Sie sich daran,
dass eine Ganzheit nur einen einzigen Mittelpunkt haben kann?

*Ja.*

Wie kompliziert wir im Detail auch wechseln, das Ganze hat nur ein einziges Zentrum. Wie kann dieses Zentrum wohl aufrechterhalten werden, wenn wir zwischendurch immer woanders sind?

*Ja, ja. Aber die Zwischenstrukturen!*

Die sind Zwischen, nicht das Ganze. Entscheidend für den Mittelpunkt ist das Ganze! Sozusagen der *Gipfel* der ganzen Umschreibung.

*Und?*

Dieser Gipfel ist nicht das Zentrum.

*... Aber er ist zentriert!*

Ganz genau. Ein Ring zum Beispiel, ein First, ein Kraterrand. Das worauf sich der Mittelpunkt am stärksten bezieht, was ihn eindeutig bestimmt.

*Nicht das, was direkt an ihn grenzt...*

Nicht räumlich, nein.

*Aber "bildend"?!*

Ja, der Gipfel der ganzen Dynamik. Man könnte fast sagen ein psychischer Gipfel. Oder ein Intensitätsgipfel.

*Es dämmert.*

Draußen?

*Nein, bei mir. Da eine Bewusstseinseinheit von einer größeren Struktur hergeleitet werden muss und diese Herleitung dort draußen gipfelt, statt im Innersten, ist diese Einheit von First und Mittelpunkt die repräsentative Bewusstseinseinheit des Ganzen.*

Ja.

*Ich bin beindruckt. Demnach muss jede Zwischenstruktur, die hilft, die Ganzheit im Wechsel aufzubauen, in ihrer eigenen Bewusstseinseinheit gipfeln.*

Weiter.

*Und so wird die Ganzheit von einer einzigen sich verändernden Bewusstseinseinheit geformt.*

Geht's jetzt wieder besser?

*Mal sehen. Vielleicht nach dem Gegenschlag: Wie kann sich die Bewusstseinseinheit selbst als Gipfel erschaffen, wenn sie zu ihrer Erschaffung auf diese Weise erschaffen sein muss?*

Jetzt haben Sie mich, wie?

*Tja.*

Sie unterschätzen die Geschmeidigkeit des Unendlichen. Der unendlich schnelle Wechsel der Bewusstseinseinheit formt - das hatten wir schon - durch i-strukturierte Wiederholung einen quasistatischen Bewusstseinsfokus, der seinerseits mit beliebiger, auch unendlicher Geschwindigkeit wechseln kann. Also mag auch dessen Gipfeleinheit mit unendlicher Geschwindigkeit wechseln und dabei formen was sie will.

*Das Unendliche bewegt sich im Unendlichen...*

...und erschafft je nach Form dieser Bewegung scheinbar langsamere Formen.

*Die Form des Wechsels ist also das, worauf es ankommt.*

Egal "was" hier wechselt. Es gibt wie gesagt nur Wechsel als solchen.

*Machen wir eine Pause.*

...

*So wie ich das jetzt sehe, wird jede Form durch das ganze Universum gebildet. Denn der einzige Wechsel bewegt sich durch jede Form, die er im selben Zug ausbildet.*

Ja, und zwar als I-Struktur, sonst versanden wir in Widersprüchen. Wir können auch sagen, alle Bewusstseinseinheiten gehen unmittelbar ineinander über, da sie unmittelbar aneinander grenzen. Je nach Form entstehen daraus Bewusstsein und Gewahrsein, Objekte und Potentiale.

*Obwohl wir aus solchen Objekten und Potentialen die Bewusstseinseinheiten erst abgeleitet haben?*

So ist es. Wir können unsere Weltanschauung auf nichts gründen außer auf unsere Wahrnehmung. Aber wir können sie erforschen und ausloten, um sie stimmig zu machen. In dem Fall erhalten wir komplexe quasistatische Bewusstseinsfokusse zurück, die nun *selbst* jeden Grad der Flexibilität beanspruchen können und sich so wiederum als Basis des Schlussfolgerns legitimieren. Denn nur Bewegliches kann etwas umfassen.

## Tag 4: Das unbegrenzte Potential

*Die Entstehung von Entscheidungsfreiheit habe ich mit Ihren Büchern zumindest intuitiv verstanden. Doch die Wechselgeschwindigkeitserklärung scheint mir ein intuitives Verständnis der I-Struktur mehr zu behindern als zu fördern. Eine Entscheidung wird offenbar auf eine Bewusstseinseinheit reduziert. Kann das sein?*

Auf eine Bewusstseinseinheit, die durch Identität von Veränderungsdrang und Alternativen zu neuen Bewusstseinseinheiten führt. Ebenso richtig ist aber, dass alle Bewusstseinseinheiten durch die unendliche Wechselgeschwindigkeit eine Einheit bilden und quasistatische Fokusse formen. Einheit *wird* durch unendlich schnellen Wechsel intuitiv, denn er ist der *Übergang* zur Ganzheitlichkeit in *Nullzeit*. Man darf einfach die Null nicht vergessen. Sie wird nicht nur angenähert, sondern *erreicht*. Das *ist* Ganzheit! Der Wechsel dient nur der Verbindung mit dem Unterschied. Ganzheit und Struktur bilden einen Gegensatz, der durch Wechsel ausgeglichen wird.

*Der Wechsel allerdings ist selbst ein Gegensatz ...?*

Nur präziser, da er die Seiten *als solche* einbezieht. Wie auch die eigene Ganzheit. Ein Wechsel zwischen *dieser* Ganzheit und dem Unterschied der Seiten ist hier wiederum ohne Zwischenstufe.

*Also wieder null.*

Nicht null allein! Die Null ist nichts ohne ihre Rolle. Die Intuition *hat* etwas zu spüren.

*Den Wechsel.*

Wollen Sie mich ärgern?

*Schon gut. Intuition gleich Wechselganzheit.*

Bis ins unendlich Kleine, an jeder Stelle. Das ist intuitiv genug, finde ich. Wenn Sie das auf eine kompliziertere Ganzheit anwenden, können Sie die Gipfeleinheit nicht mehr scharf "sehen", sondern höchstens spüren. Wahrscheinlich eher ein Cluster von Einheiten drum herum.

*Ein Kondensat?*

So empfinden wir es. Aber diesmal um den Kraterring herum, innen und außen.

*Muss das Kondensat nicht bei der Mitte sein?*

Wir betrachten hier den Gipfel der dynamischen Form. Wenn das Kondensat bei der Mitte ist, dann ist *dort* der Gipfel.

*Okay, langsam fügt sich alles zusammen. Ich verstehe jetzt auch besser, warum Sie den Bewusstseins- oder Realitätstrichter gern mit einem "Außengelände" zeichnen wie einen Krater:*

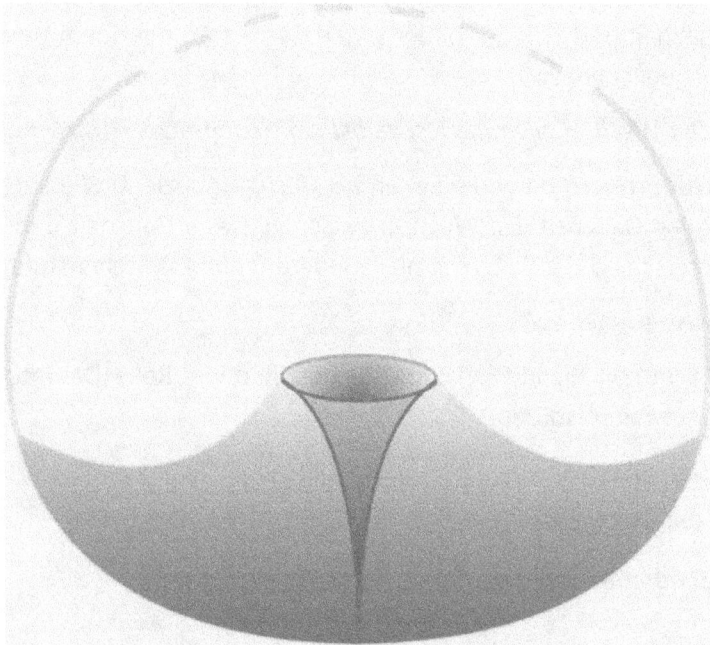

*Es geht eigentlich gar nicht um innen und außen, nicht wahr?*

Nein, das sind beschränkte Begriffe. Es geht vielmehr um oben und unten, also bewusster und weniger bewusst. Das genaue Zentrum ist eine Achse durch alles hindurch.

*Alle Standpunkte oder Perspektiven, die mir weniger bewusst sind, befinden sich also im Kanal des Trichters?*

Je weniger bewusst das Gewahrsein, desto tiefer kreisen sie. Die Details werden dabei zunehmend unterbewusst.

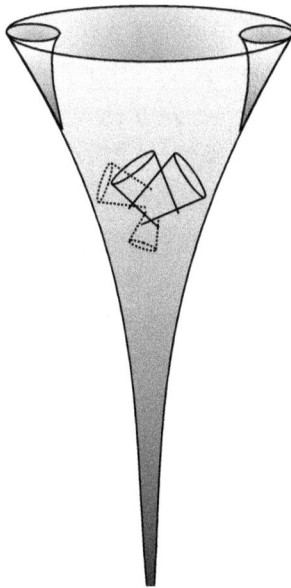

*Wenn ich Sie richtig verstanden habe, bin ich mir nicht nur anderen Bewusstseins gewahr, sondern anderen Gewahrseins. Denn auch die anderen unendlich vielen Standpunkte, aus denen sich mein Gewahrsein dynamisch aufbaut, sind ja Gipfel unendlicher Dynamiken. Sind das nicht diesmal doch ein paar Unendlichkeiten zu viel?*

Welche sind Ihnen denn zu viel?

*Ich meine, wie kann mein Gewahrsein eine Unendlichkeit von Unendlichkeiten erfassen und dabei strukturiert bleiben?*

Weil Ihnen die Auflösung im Unendlichen zu früh kommt?

*Ja.*

Keine Sorge, sie kommt nicht. Sie ist schon da.

*Wie bitte?*

Das Gewahrsein ist doch nur strukturiert, weil es die meisten anderen Standpunkte ins immer weniger Bewusste verdrängt. Bis sie fast mit der Mittelachse verschmelzen. Mit dieser Achse nehmen wir das Unendliche *vorweg*. Es wird nicht "abgezählt".

*??*

Sie hatten doch befürchtet, dass die Intuition zu kurz kommt. Nun, Gewahrsein wird nach unten immer intuitiver, weil das Detailbewusstsein stark nachlässt. Die "Spuren" des Wechsels zum Anderen werden immer dichter und nur aufschlüsselbar indem ihnen das Bewusstsein *folgt*. Das heißt, da wo es im Moment ist, sind sie ihm kaum noch bewusst. Das Gewahrsein kann die Unendlichkeit daher bewusst nur *als solche* vorwegnehmen - im intuitiven Wissen, dass es sie gibt. Als besagte Achse oder als Mittelpunkt.

*Oder als Potential.*

Ja. Da das Bewusstsein langsam ist, können wir den Mittelpunkt *auch* als Näherung des Unendlichen ansehen, als Symbol für etwas, zu dem man "hingehen" kann, wenn man den "Schritt" stark beschleunigt, asymptotisch bis auf unendlich.

*Faszinierend. Muss es nicht dennoch "unendliche Weiten" geben, eine entfaltete Unendlichkeit, die wir vorwegnehmen können?*

Natürlich. Aber sie liegt in der anderen Richtung.

*In Richtung des Bewusstseins...*

...und damit des absoluten Universalkontinuums, das ich in "Die Erschaffung der Realität" begründet habe.

*Doch ein absolutes Kontinuum ist strukturlos und kann nicht bewusst sein!*

So wie die Null?

*Hm.*

Die totale Entfaltung von absolut allem zu einem unterschiedslosen Kontinuum ist zugleich dessen Zusammenbruch. Aber worauf? Auf ein Nichts? Dann hätte sie gar nicht erst stattgefunden. Das Universalkontinuum "reflektiert" vielmehr auf das, von dem aus es "erreicht" wurde: Es existiert nur für das Gewahrsein, von dem es *vorweggenommen* wird.

*Es existiert also nicht für sich selbst?*

Nur als momentaner Extremfall innerhalb eines Perspektivenwechsels, wie alles andere auch. Das hatten wir schon.

*Das Kontinuum hat eine Perspektive?*

Nur im Wechsel mit einem anderen Gewahrsein.

*Nun beschreiben Sie ja auch All-das-was-ist, das höchstmögliche Bewusstsein. Es soll sich knapp unterhalb des Universalkontinuums befinden, "kurz vor dem Zusammenfall". Was macht es da?*

Ich schätze, es spielt Gott. Wir haben es mit einer unendlich komplexen und unendlich großen I-Struktur zu tun, die sich, wie alles andere auch, mit unendlicher Geschwindigkeit formt.

*Sie befindet sich in einem Fokus?*

Nicht so wie wir. Ihr Wechsel muss ja alles *gleichberechtigt* einbeziehen. Nichts darf in einem Trichterkanal versacken. Deshalb ist All-das-was-ist *in jedem beliebigen* Fokus und unterscheidet sich von diesem nur durch ein einziges Kriterium, das allein sein eigenes ist: Das *unbegrenzte Potential* einen anderen Fokus einzunehmen. Es ist damit aber immer eine *bestimmte Perspektive* dieses Potentials.

*Das muss ich erst mal verdauen. Ich bin All-das-was-ist?*

Können Sie jeden beliebigen Fokus einnehmen? Etwa einen unendlich komplexen und unendlich großen?

*Nein. Aber warum eigentlich nicht?*

Weil die Form Ihres Fokuswechsels sich verselbständigt hat. Sie erscheint nicht nur insgesamt langsam, sondern sie hat die Fähigkeit zu großer Beschleunigung verdrängt und vergessen.

*Womit habe ich das verdient?*

Es war - wie alles andere - eine Entscheidung. Sehr viele Entscheidungen eigentlich. Alle betreffen die Form der Fokusbildung, aber einige auch die Form der Formbildung. Es entstand also nicht nur Bewusstsein, sondern Selbstbewusstsein. Ein Ego, wenn Sie so wollen.

*Und das Ego verhindert, dass ich einen anderen Fokus einnehme?*

Das Selbstbewusstsein schafft Stabilität, indem es das Gewahrsein des größeren Potentials gleichsam abschnürt und nur

Ahnungen davon durchlässt. Aber Sie können sich bestimmt noch in den Fokus eines kaffeekochenden Fragestellers begeben und mir einen bringen.

*Sorry, bin unterwegs.*

Danke. Wenn Sie Ihren Fokus dann wieder platziert haben, verraten Sie mir doch bitte, warum sie nicht schon vorher gegangen sind.

*Äh... Sie meinen, weil ich egoistisch bin?*

Nur ein bisschen, natürlich. Sie waren vertieft und ich weiß das zu schätzen, denn es hatte ja einen Sinn: Sie wollten begreifen, sich konzentrieren, in Ihrer Rolle aufgehen. Deshalb tun wir so etwas: Wir schaffen Strukturen, die nicht gleich zusammenfallen. Das ganze All tut es. Sonst wäre es im Kontinuum geblieben.

*Wo es auch nur von einer Struktur aus hingekommen ist.*

Der klassische Wechsel.

*Wo waren wir stehen geblieben?*

Sie hatten Ihr Gewahrsein abgeschnürt.

*Ah, wie habe ich das gemacht?*

Indem Sie spätestens von Geburt an immer wieder auf sich selbst reflektierten. Was ich übrigens in Ordnung finde. Indem wir uns neu erkennen, tragen wir auch zum Gewahrsein All-dessen-was-ist bei.

*Doch All-das-was-ist befindet sich ja nicht in meinem Ego-Fokus, da dieser nur ein eingeschränktes Potential hat. Was hat es also davon?*

Das ist ja der Clou: Die unendliche Fokusgeschwindigkeit umfasst auch jedes Selbstbewusstsein. Mit diesem hat sich der scheinlangsame Fokus zwar weitgehend abgeklemmt, aber da er sich weiterbewegt, verändert und entwickelt, erreicht er spätestens im Unendlichen wieder sein unbegrenztes Potential. Weil wir uns jedoch dieses Unendlichen *als Potential zu einem Potential schon jetzt* gewahr sind - All-dessen-was-ist *als solchem* - muss auch der selbstbewusste Fokuswechsel eine Teilfrequenz der allumfassenden Dynamik sein.

*Möchten Sie noch einen Kaffee?*

Ich bin gerade im Fluss. Jetzt die Preisfrage: Wie kann das sein?

*Wie kann was sein?*

Ich sag's Ihnen: Das ist nichts als die typische dynamische Existenz!

*Aha.*

Wodurch ist sie denn gekennzeichnet? Wir sind uns der anderen Seite des Wechsels *immer* nur gewahr. Das eben *ist* ja Wechsel: Alles im Entweder-Oder.

*Was bedeutet...?*

...dass sich All-das-was-ist unseres Fokus *immer* nur gewahr sein kann.

*Muss es dafür nicht wirklich mit ihm wechseln?*

Zweifellos, und *nur uns* ist dieser Wechsel so wenig bewusst. Es muss deshalb noch einen anderen Wechselweg geben, den wir noch weniger bewusst nutzen.

*Na, die Bewusstseinseinheiten haben ja auch einen gefunden, den der langsame Fokus schwer begreift.*

Sie überraschen mich immer wieder. Also: Zwischen unendlich schnellen Bewusstseinseinheiten und selbstbewusst gefesseltem

Fokus muss es mindestens einen weiteren Fokusaustausch mit dem Unendlichen geben, der uns je nach Form und Geschwindigkeit unseres eigenen Fokus entgeht und zum Beispiel für das Empfinden einer "göttlichen Präsenz" sorgt. Solche Fokusse lösen sich ständig von uns ab und gehen wieder in uns über, ohne dass wir uns in der Lage sehen, ihnen zu "folgen".

*Das ist seltsam. Denn jetzt haben wir es nicht mehr mit einer unendlichen Geschwindigkeit zu tun, in der sich alles ausgleichen kann. Diese Zwischengeschwindigkeiten sind endlich! Kommen sie nicht durcheinander?*

Warum sollten sie? Unser quasistatischer Wechsel, also unser vordergründiger Bewusstseinsfokus, ist ja nicht völlig isoliert. Mag er noch so selbstreflexiv verschachtelt sein. Er formt sich noch immer aus dem unendlich schnellen Wechsel der Bewusstseinseinheiten. Ihm *entschlüpfen* nur die Zugänge zu anderen Formen und Frequenzen. Er *überspringt* Phasen des Gesamtwechsels, so wie wir unsere Träume vergessen. Doch er hat im Grunde ständigen Zugang, sogar zu All-dem-was-ist.

*Er muss ihn nur finden... Und ihm gewachsen sein!*

Ja. Gewachsen sind wir ihm nur wohldosiert, sonst verlieren wir uns dieses Mal auf der anderen Seite.

*Aber es heißt ja, wir seien beschützt.*

Das würde jedenfalls Sinn machen. Auch All-das-was-ist braucht relativ stabile Strukturen, zu denen es wechseln und derer es gewahr sein kann. Es ist ja Vielfalt, nicht Chaos.

*Ich nehme an, mit All-das-was-ist sind nicht nur die Bewusstseinseinheiten gemeint, sondern auch die ihrerseits unendlich schnellen Fokusse?*

Ja alle, und die langsamen! Wer schnell unterwegs ist, kann *innerhalb* dessen auch langsam sein, durch vorübergehende Wiederholung, wie gehabt.

*Fokusse in Fokussen in beliebiger Wiederholung?*

Völlig egal. Einen Unterschied macht das erst, wenn wir endlich werden. Und dann haben wir noch immer eine unendliche Spanne, auf der sich die Geschwindigkeiten verteilen können. Denn All-das-was-ist wird garantiert nicht endlich.

*Und wir sind es nur scheinbar.*

Doch dieser Schein ist sehr real, denn er ist sogar für All-das-was-ist nötig, verstehen Sie?

*Weil es sich sonst in ein Kontinuum verflüchtigen würde?*

Erfasst. Von "Schein" kann also eigentlich keine Rede sein. Wir sind bestimmte strukturierte Phasen der Gesamtbewegung des höchsten Bewusstseins, individuelles Gewahrsein, dessen auch All-das-was-ist gewahr ist, aber auf seine individuelle Weise.

*All-das-was-ist ein Individuum?*

Selbstverständlich. Wer sonst zeichnet sich durch unendliches Potential aus?

*Das Universalkontinuum?*

Guter Gedanke. Beide, Universalkontinuum und All-das-was-ist, brauchen uns zu ihrer Bestimmung. Doch das Kontinuum hat gar keine eigene Existenz. All-das-was-ist schon. Es hat ein Gewahrsein und kondensiert für uns gerade noch zu einem Bewusstsein. Es formt den Reflexions*zustand* des Universalkontinuums. Es ist der große Bruder der Bewusstseinseinheit am anderen "Ende".

*Sie sagen "Es kondensiert für uns". Zeigt das nicht seine Unselbständigkeit?*

Ohne uns ist es nichts! Aber wir und alle anderen Bewusstseinsfokusse erschaffen es als Struktur, als das, was uns erschafft.

*Ist das nun Einbildung?*

Nicht mehr als die Wahrnehmung unserer eigenen Existenz.

*Ich verstehe. Es kommt auf die Konsistenz der Wahrnehmung an.*

Auf jeder denkbaren Ebene.

*Dennoch: Hat All-das-was-ist ein eigenes Bewusstsein oder nicht?*

Da sein Gewahrsein jedes andere mit unendlicher Geschwindigkeit erfasst, könnte es gar nicht bewusster sein! Trotzdem ist das meiste immer gerade unterbewusst, da es ja individuell bleibt. Sogar für All-das-was-ist! Doch *kondensieren* kann es nur für uns, von einem eingeschränkten Blickwinkel aus.

*Wenn All-das-was-ist also in einem bestimmten Fokus ist, kondensiert es für sich selbst?*

Wenn es sein Potential nicht *nutzt*, ist es eben *nicht* mehr All-das-was-ist. Es ist nur noch ein Fokus mit kondensiertem Potential zu Höherem, kurz: mit einer kondensierten *Vorstellung* vom höchsten Bewusstsein. Selbst wenn dieses Potential jederzeit zur Verfügung steht. Doch *wenn* All-das-was-ist sein Potential nutzt, *ist* es dieses Potential.

*Das ist starkes Zeug.*

*Eins stört mich allerdings an dem ganzen Fokuswechselmodell: Wir müssen bei der Erklärung relativ kleiner Prozesse schnell mit*

*sehr hohen Wechselgeschwindigkeiten rechnen. Für mein Gefühl
stellt das die Plausibilität des Konzepts in Frage.*

Mit dem Gefühl ist das so eine Sache. Neue Theorien lösen an-
fangs selten gute Gefühle aus, weil sie einfach ungewohnt sind.
Auch bei mir nicht. Diese ist, soweit ich das nach jahrelanger Un-
tersuchung beurteilen kann, stimmig. Ob sie auf alle vermeintlich
materiellen Dinge im Detail anwendbar ist, sollten wir motiviert
von dieser logischen Konsistenz *erforschen.*

Bedenken Sie auch bitte, wie schnell wir zum Beispiel im Traum
ganze Szenen wechseln können. Und das sind eher Schnapp-
schüsse. Wir dürfen nicht an einer Bewegungsvorstellung hängen,
die dem Kutschenzeitalter entspringt. Selbst die Lichtgeschwin-
digkeit kann außerhalb der bekannten Raumzeit keine ernstzu-
nehmende Schranke sein, falls sie es überhaupt jemals war. Wir
senden keine Informationen, sondern wechseln Ganzheiten.

*Ins Unbekannte kann man aber alles Mögliche projizieren.*

Fragt sich nur, ob es mit bekannten Prozessen harmoniert. Unendlich Großes brauchen wir im Praktischen ja nicht. Wir reden
hier nur so lange darüber, weil wir, wie schon gesagt, die Stim-
migkeit anhand der Extreme testen. Die Ganzheit andererseits
machen wir auch nicht seltsamer als sie ohnehin schon ist. Normalerweise nehmen wir sie einfach nur hin.

*Ja, wir nehmen so einiges hin und werden ungemütlich, wenn
uns jemand hinterfragt.*

Ich möchte allerdings einem Missverständnis vorbeugen: Ganzheit bleibt auch in meinem Modell intuitiv! Denn der beschriebe-
ne Übergang zu ihr ist nicht ihre Herleitung, sondern nur die *Verbindung* zu ihr. Ganzheit und Struktur werden nicht auseinander
abgeleitet, sondern sind Seiten des Wechsels. So wie Mittelpunkt

und Umkehrpunkte, über die wir bereits gesprochen haben. Ohne Intuition gibt es folglich auch den Wechsel nicht.

*Und keine Struktur.*

Gar nichts.

## Tag 5: Unzerstörbar

*Ich musste darüber nachdenken, was Sie mit Gipfelung meinen. Wie kann der Ausgangspunkt einer Perspektive, ein Intensitätsgipfel der Wahrnehmung, sich aus Wechseln ergeben? Muss ich einen bestimmten Gipfel nicht* voraussetzen, *um über einen gewahrten Wechsel reden zu können?*

So ist es letztlich. Wir gehen von einer Wahrnehmung aus. Diese ist ganzheitlich und daher einzigartig, denn jeder Vergleich mit anderen Ganzheiten würde eine neue Ganzheit schaffen. Diese einzigartige Ganzheit unserer Wahrnehmung ist daher immer der Ausgangspunkt. Sie *ist* der aktuelle Intensitätsgipfel. Alles was wir dann untersuchen, sind Beziehungen zu anderen Ganzheiten, ob Teilganzheiten oder außenliegende. Eben der *Wechsel* von Ganzheiten.

*Könnte es nicht innerhalb unserer Ganzheit einen höheren Teilgipfel geben?*

Wir können den Gipfel so definieren: Er ist der am stärksten das Gewahrsein bestimmende *bewusste* Aspekt. Ist er weniger bewusst, kann er nicht der Gipfel des Gewahrseins sein, denn wir reden ja immer von Bewusstem. Wenn er andererseits das Gewahrsein weniger bestimmt, ist er nicht die intensivste Einheit.

*Doch er ist auch das Resultat wechselnder Bewusstseinseinheiten, Fokusse und so weiter?*

Ja. Nur der Ausgangspunkt nicht. Wir gehen vom Gipfel aus und untersuchen seine Beziehungen zu anderen Gipfeln, die zu unserem Gipfel zurückführen. Damit haben wir allerdings unser Gewahrsein *erweitert* und so einen *neuen* Gipfel geschaffen. *Dieser* ist das eigentliche Resultat der Bewegung. Das Erreichen des Ausgangspunktes wäre schwieriger, aber nicht unmöglich.

*Wir sind dennoch wieder bei der i-strukturierten Spirale.*

Davon kommen wir auch nicht weg. Aber wir sehen nun besser, dass der Gipfel nicht das größte Bewusstsein ist. Wie sollte er auch? Er ist der Trichter*rand*, nicht der Trichter. Er könnte sogar eng um das Zentrum herum liegen. Wichtig ist, dass von ihm die maßgeblichen *Entscheidungen* ausgehen.

*Ah, ich verstehe. Deshalb muss er der bewussteste Aspekt sein, weil alle Entscheidungen per Definition bewusst getroffen werden.*

Oder weil alles Bewusstsein ist und daher ständig entscheidet.

*Wenn also ein Teilgipfel höher wäre, bestimmender, wäre das größere Ganze weniger bewusst.*

Ja. So ist das etwa, wenn man mit den, äh..., Hoden entscheidet. Zum Beispiel.

*Ja, hm. Dann ist es aber auch kein Teilgipfel.*

Nein, der volle Gipfel.

*Andere Frage: Die Bewegung einer Ganzheit folgt den Entscheidungen ihrer I-Struktur, hatten wir festgestellt. Sie hat sehr unterschiedliche Alternativen: langsame und schnelle, diese oder jene Richtung. Wie kommt es dazu, dass sie einen schnelleren Wechsel zugunsten eines langsameren "überspringt", dass ihr Zugänge zu höheren Frequenzen "entschlüpfen", wie Sie sagten?*

Wechsel ist ja von Natur aus sprunghaft. Scheinbare Kontinuität kommt nur durch dicht beieinander erfahrene Ganzheiten zustande. Wir können deshalb auch sehr weite Sprünge machen: Sagen wir von der Couch ins Sternsystem Alpha Centauri und zurück zu unserem Bier - wobei wir aber nur Couch und Bier aufeinander beziehen und den Rest für Blödsinn halten. Es ist also die Bewertung, die Auswahl des Gipfels aus dem Gesamtwechsel, die den Unterschied macht.

*Und wer trifft diese Auswahl?*

Wir tun es, indem wir uns für *Prioritäten* entscheiden, für eine bestimmte *Perspektive* des Gesamtwechsels. In dieser sind wir uns der Sterne nur entfernt gewahr. Stattdessen haben wir den Wechsel zwischen Couch und Bier quergedreht, verlangsamt, quasistatisch bewusst gemacht.

*Haben wir dazu die Richtung des Gesamtwechsels geändert?*

Wir haben einen bestimmten Wechsel aus anderen Wechseln herausgeformt. Dadurch haben wir den Gesamtwechsel umstrukturiert. Ja, ja, bis ins Unendliche.

*Wir haben* immer *eine Perspektive...*

...und ändern nichts als diese Perspektive. Aus dem unendlich Großen und Schnellen könnten wir prinzipiell *alles* herausformen - durch Entscheidungen des bereits Geformten - wenn wir uns nicht so eingeschachtelt hätten, dass uns nur noch wenig einfällt. Indem wir eine neue *Form* des Wechsels wählen, wählen wir eine neue Ganzheit und eine neue Perspektive und umgekehrt:

Form = Ganzheit = Perspektive

*Ein Chaos oder ein Kontinuum kann nichts wählen. Also muss die Wahl letztlich von All-dem-was-ist ausgehen als der größten Form, dem größten Bewusstsein überhaupt.*

Ganz genau. Letztlich ist alles eine "göttliche" Wahl. Aber nicht ohne uns zu fragen.

*All-das-was-ist erschafft uns, um uns nach unserer Meinung zu fragen?*

Nicht nur nach unserer Meinung, sondern nach unserer Entscheidung. Alles ist i-strukturiert und entscheidet daher ständig zwischen alternativen Fortsetzungen seines Wechsels. Intuitiv, ganzheitlich wohlgemerkt.

*Was auch immer das bei meiner Untertasse bedeutet.*

Ihre Untertasse wurde geschaffen, um Ihr Geschweppertes aufzuhalten, nicht um sich davonzustehlen. Sie darf sich bestenfalls innerhalb von 1 mm Spiel links oder rechts von der Tasse entscheiden.

*Aber wie macht sie das? Sie ist aus Porzellan!*

Wie kommen Sie dann darauf, dass es eine Untertasse ist?

*Ich nehme sie als solche wahr.*

*Nur* deshalb wird sie als solche benutzt, nur deshalb "ist" sie eine solche. Wenn sie sich also in die Küche bewegen will, machen *Sie* das mit ihr.

*Weil sie nur in meiner Wahrnehmung als Untertasse existiert...*

Genau. Die Entscheidung zum Wechsel in die Küche wird von der Ganzheit aus Untertasse und Kaffeetrinker und sonstigen Umständen getroffen. Dabei haben Sie zweifellos das Privileg, sich mit dem Gipfel der Situationswechsel-Gesamtheit identifizieren zu dürfen. Also mit dem bestimmendsten Aspekt. Doch falls sich der Kaffee als Plärre erweist, kann sich das kurzzeitig ändern.

*Wird dann der Kaffee entscheiden, dass ich ihn wegschütte?*

In der *Gesamtheit* aus Kaffee und Trinker hat er kurzzeitig die Regie übernommen. Sie dagegen haben sich auf Ihre Reflexe reduziert. Erst danach erinnern Sie sich an Ihr Vetorecht und trinken ihn vielleicht doch noch.

*Was, wenn ich den Kaffee gar nicht anrühre? Entscheidet er sich zu verdunsten oder macht er das einfach, weil er heiß ist?*

Ich würde sagen, weil er heiß ist.

*Also keine Entscheidung?*

Ich maße mir nicht an zu beurteilen, ob er nicht über die eine oder andere Dampfschliere entscheiden kann. Ebenso wenig auf welche Weise die Untertasse daran beteiligt ist, ob Sie 1 mm weiter rechts oder links abgesetzt wird. Auch Physiker können das ehrlicherweise nicht, sondern berufen sich auf die Chaostheorie.

*...die unendlich geringfügige Auslöser für größere Veränderungen verantwortlich macht.*

Aber wenn Sie eine Situation so weit einschränken, dass nur noch minimale Spielräume bleiben, brauchen Sie sich nicht zu wundern, wenn das dann auch so ist.

*Das ist interessant. Denn eigentlich sehen wir es ja anders herum: Die Welt ist relativ starr und wir sind flexibel und bewusst genug, aktive Entscheidungen zu treffen, frei oder nicht.*

Wenn sie nicht frei sind, sind es keine Entscheidungen. Das nur nebenbei. Warum Ihr Kaffee überhaupt dampft, kann ich auch nur physikalisch erklären. Doch ich kann jetzt *fragen*, warum so etwas unter ähnlichen Bedingungen immer ähnlich geschieht, wenn es nach allgemeineren logischen Erwägungen ein gewähltes Geschehen sein muss. Ein Physiker dagegen würde bei der Feststellung eines sogenannten Naturgesetzes aufhören.

*Die Frage lautet also: Wer hat dieses Gesetz warum gewählt? Oder sollten wir sagen "beschlossen"?*

Da uns die Antwort nicht bewusst ist, müssen wir sie im Unterbewussten suchen. Damit meine ich natürlich alles Bewusste, dessen wir uns gewahr, aber so gut wie nicht bewusst sind. Alles im Kanal des Realitätstrichters.

*Bis hin zu All-dem-was-ist?*

Ja, denn wie Sie selbst schon festgestellt haben, hat alles, was wir wahrnehmen, dort seinen Ursprung beziehungsweise ist daran angeschlossen. "Beschlossen" halte ich übrigens für sinnvoller, da hier die Stabilität gleich mit gewählt ist. Wir müssen uns daher weder bei jedem Schritt Gedanken machen, ob der Erdboden hält, noch ob der Kaffee beim nächsten Schluck gefriert. Das ist doch sinnvoll, oder?

*Durchaus.*

Wenn wir uns also darauf einigen können, dass alles im Grunde gewählt ist, kann uns die Frage, warum es Gesetzmäßigkeiten gibt - noch so eine Begriffseinheit - ebenso wenig wundern wie einen Physiker. Wir müssen uns wie dieser nur um die Details kümmern. Allerdings mit einer anderen Betonung.

*Einer spirituellen Betonung.*

Und ohne die Physik auszuschließen. Sie ist das *Resultat* unbekannter Entscheidungsprozesse.

*Bei den spirituellen Details tappen wir aber im Dunkeln.*

Weil wir nicht nach ihnen suchen. Würden wir den gleichen Forschungsaufwand in dieser Richtung betreiben wie in der Physik, wären wir in jeder Hinsicht weiter.

*Gut. Können Sie diesen Entscheidungsprozess angefangen von All-dem-was-ist kurz zusammenfassen?*

Nun, All-das-was-ist hat als komplexestmögliche Struktur nicht nur die größte Auswahl an Alternativen, sondern auch die größte Dichte an *bewussten* Entscheidungsmomenten. Es kann alles Beliebige wählen, es ist reines Potential.

*Ist das dasselbe wie Energie?*

Nein, Energie ist abstrakt. Potential ist immer auf Konkretes bezogen, jedenfalls in diesem Zusammenhang. Sogar wenn *alles* Konkrete gemeint ist, geht es nicht in einem Fluss oder Stau auf, sondern bleibt im Wechsel als solches erhalten.

*Einverstanden. Was also wählt All-das-was-ist jetzt?*

Da es Einheit und Struktur vereinen muss, läuft es *insgesamt* auf eine hierarchische Ordnung hinaus. Andere Varianten können nicht den gleichen Existenzumfang beanspruchen. Sie haben nicht den gleichen Grad an Ordnung, und viele fallen qualitativ zusammen: Eine Nebelwand unterscheidet sich kaum von der anderen und kann im Spektrum der möglichen Ordnungen nicht so viel Platz beanspruchen wie strukturiertere Varianten.

*Das ist so ziemlich das Gegenteil von dem, was die meisten Physiker sagen.*

Sie denken anders. Sie kombinieren Mikrozustände nicht wirklich und zählen doch deren Kombinationen. So kommen sie zu einer hohen Wahrscheinlichkeit chaotischer Zustände. Und dann brauchen sie einen nicht näher erklärten "Urknall", um das Vorhandensein von Ordnung überhaupt auf etwas zurückzuführen. Aber wo kommt die Ordnung des Urknalls her?

*Sie ähnelt ein bisschen dem, was Sie gerade beschrieben haben: Ordnung weil schließlich nichts anderes übrig bleibt.*

Ein bisschen, ja. Doch es ist eine tote und beschränkte Ordnung, der es, wie wir gesehen haben, an Konsequenz fehlt. Ihr fehlen Ganzheit, Wechsel, Bewusstsein, Offenheit...

*...und damit Wahlfreiheit.*

Obwohl es natürlich eine Wahl jedes Forschers ist, diesen Preis zu zahlen und von der Individualität der Wahrnehmung und dem eigenen Bewusstsein zu abstrahieren.

*Machen wir mit der Wahlfreiheit weiter. Ergibt sich aus ihr auch jetzt noch Ordnung?*

Wo kämen wir sonst hin? Im Ernst: Vergleichsweise große Ballungen von Bewusstsein können wir selbst kaum erfassen, weshalb wir sie nur weit unten im Kanal des Realitätstrichters gewahren, als tiefe Ahnung sozusagen.

*Diese Ahnung könnte aber sehr diffus sein.*

Eine infinitesimalere I-Struktur würde ich sie nennen. Das ist etwas anderes als ein Kondensat. Die Wechselpfade mit dem Tieferen bleiben erhalten und sind nur eng gebündelt. So können wir auch alles wiederfinden, wenn wir uns öffnen. Aber nur mit einer gewissen Wahrscheinlichkeit.

*Wie das?*

Wechsel = Bewusstsein = Entscheidungsfreiheit. Wissen Sie noch?

*Wir wissen also nicht, ob wir beim Eintauchen das Richtige wählen?*

Wir wissen nicht, ob unser *Unterbewusstsein* das Richtige wählen wird. Oder ob das, was wir suchen, sich inzwischen verdrückt hat. Aber immerhin können wir die nächstgrößere Bewusstseinsballung in unserem Unterbewusstsein als Wesenheit ansehen. Ihr *entspringen* wir im Trichterbild und wechseln ständig in sie hinein und zurück, woran wir uns aber kaum erinnern. Eher als traumartige Empfindung oder Intuition. Das habe ich in "Die Erschaffung der Realität" ausführlich beschrieben.

*Ja, die Wesenheit ist aus verschiedenen Gründen stabiler und daher unser Ankergrund.*

Da ihr dies bewusster ist und wir ihre "Kinder" sind, und da sie in der Hierarchie unserer Ganzheiten die Rolle des "Ordnungshüters" innehat, wird sie unser Verhalten zu einem nicht unerheblichen Grad bestimmen oder inspirieren. Sie liefert Impulse, die uns aus dem Trichterkanal erreichen und "von oben" gesehen schwer von unseren eigenen Entscheidungen zu trennen sind.

*Nur wenn wir unser Selbstbewusstsein bemühen, wird einiges klarer.*

Bis zu einem gewissen Grad. Aber letztlich fließen Impulse und Entscheidungen zusammen.

*Wir dürfen also nicht auf eine endgültige Entscheidung zwischen Determination und Freiheit hoffen?*

*Letztlich* ist *alles* frei - von All-dem-was-ist gewählt. Doch von uns, so wie wir uns *kennen*, nur zu einem relativ kleinen Teil. Und wir wissen oft noch nicht einmal zu welchem.

*Das klingt nicht wie bewusste Realitätserschaffung.*

Im Vergleich zu einer durch und durch bestimmten oder zufälligen Welt ist es viel mehr, was wir erschaffen können! Doch die Entscheidungen *allen* Bewusstseins fließen ein und strukturieren die Wahrscheinlichkeiten vor, die uns zur Verfügung stehen. Wir agieren also in einer *Wahrscheinlichkeitshierarchie*, die wir mit unseren eigenen Entscheidungen ebenso umstrukturieren wie alle anderen Individuen.

*Deshalb fliegen wir nicht zu Alpha Centauri, sondern bleiben bei unserem Bier auf der Couch.*

Offenbar ist aus dem ganzen verwickelten Gewahrsein eine hohe Wahrscheinlichkeit für die Alternativen Bier oder Saft hervorgegangen.

*Traurig. Geht nicht ein bisschen mehr?*

Sicher. Wir müssen Außerirdische konsultieren oder fortgeschrittene außerkörperliche Erfahrungen erreichen. Wenn ich's recht bedenke, wenig wahrscheinlich, aber nicht unmöglich.

*Oder wir begnügen uns mit einem Teleskop.*

Bloß kein Bier.

*In Ihrem Buch "Wahrhaftigkeit. Mit welchem Bewusstsein wir Realität erschaffen" haben Sie auch Methoden beschrieben, um mehr im Leben zu erreichen als nach gewöhnlichem Weltverständnis möglich ist.*

Stimmt, aber hier wollen wir ja die Grundlagen dieses Weltbildes hinterfragen.

*Trotzdem: Was machen Sie, wenn Sie sich zwischen einer niedrigen, aber sehr vorteilhaften Wahrscheinlichkeit, sagen wir einem großzügigen Mäzen, und einer vergleichsweise hohen, aber nur mäßig interessanten Wahrscheinlichkeit, zum Beispiel einem bezahlten Job, entscheiden müssen? Oder peilen Sie beides gleichzeitig an?*

In solchen Konflikten können wir das größte Produkt aus Wahrscheinlichkeit und Vorteil wählen. Das wäre wohl in den meisten Fällen der Job.

*Ist das nicht suboptimal?*

Optimal wäre, sich das bessere Leben vorzunehmen, das man sich eigentlich wünscht, wie auch immer es dazu kommt. Aber wir müssen meist auch handeln - unser Wahrscheinlichkeitsgefüge sieht dies vor - und brauchen dafür ein konkretes Ziel. Also vielleicht erst das eine und dann das andere.

*Das erscheint mir trotzdem nicht sehr frei.*

Die eigentliche Frage dahinter ist, warum wir uns in dieser Situation mit eben diesen Wahrscheinlichkeiten und Wichtigkeiten befinden. Sollen wir etwas lernen oder erfahren? Haben wir uns durch eigene Überzeugungen selbst begrenzt? Das wird in der esoterisch-psychologischen Literatur ausgiebig behandelt.

*Na schön, bleiben wir bei den Grundfragen. Wenn Sie "erschaffen" sagen, meinen Sie damit nur die freie Wahl?*

Im Grunde schon, denn diese ist es ja, die alles Weitere nach sich zieht. Aber Erschaffung bedeutet bildlich auch Hervorheben, Herausheben.

*Was heben wir wo heraus?*

Wir heben die Prioritäten beziehungsweise Intensitäten unseres Lebens aus allen anderen heraus, indem wir unsere *Wahrscheinlichkeitshierarchie*, unsere Perspektive, unser Gewahrsein mit jeder Bewegung umstrukturieren. Da alles mit allem verknüpft ist, reicht diese Veränderung ins Unendliche. Wir erschaffen sozusagen in jedem Moment ein neues Universum.

*Wenn wir ein neues Universum erschaffen, was war dann vorher da?*

Alle anderen Perspektiven natürlich. Sie sind auch immer noch da. Es gibt ja nur Perspektiven des allumfassenden Wechsels. Der

Begriff "Universum" ist missverständlich, weil er eine für alle gleiche Welt suggeriert. So etwas kann es nicht geben. Auch lebt niemand in einer eigenen Weltblase, sondern in einem individuellen Gewahrsein des allumfassenden Wechsels.

*Ich muss wieder einhaken.*

Bitte.

*Eine Hierarchie der Prioritäten ist doch auch eine Hierarchie unterschiedlicher Wechselgeschwindigkeiten. Wie kann mein Gewahrsein, also meine ganz individuelle Hierarchie der Wechselgeschwindigkeiten, Teil* Ihres *individuellen Gewahrseins sein? Sie können meinen Fokus ja nicht in der gleichen Langsamkeit erleben wie ich, sondern nur Ihren eigenen.*

Raffinierter Einwand. Aber es kommt nur auf die individuellen *Differenzen* der Wechselgeschwindigkeiten an. Ich gewahre Ihren Fokus also wirklich schneller - und weniger bewusst - als Sie, doch grundsätzlich hält mich das nicht davon ab, Ihre Geschwindigkeits*hierarchie* vollständig zu gewahren. Denn obwohl sie für mich "nach hinten" verschoben ist, bleiben mir Ihre Geschwindigkeits*differenzen* bis ins Unendliche erhalten. Unendlich plus X minus Y ist immer noch unendlich. Dass mir Ihr Gewahrsein weniger *bewusst* ist, versteht sich von selbst, darüber haben wir gesprochen.

*Das ist ja... Das Unendliche würde also die* Form *meiner individuellen Hierarchie bewahren?*

Natürlich. All-das-was-ist heißt nicht umsonst so.

*Aber das Universalkontinuum...?*

...ist nur ein einziger Standpunkt im Wechsel All-dessen-was-ist, noch dazu einer, der nur als Extremwert *innerhalb* dieses Wechsels Bedeutung hat. Ich kann zwar nicht ausschließen, dass er auf etwas anderes reflektiert als Sie, aber Sie bleiben erhalten, da All-das-was-ist durch *alle* möglichen Hierarchien wechselt. Es ist ja *unbegrenztes* Potential.

*Es gibt also keine Vernichtung, nicht einmal durch Auflösung im Unendlichen?*

Nein, gibt es nicht. Was wir nachlässigerweise "Auflösung" genannt haben, ist ein *vorübergehendes Verschwinden* im unendlich "Fernen", im für das *Bewusstsein* unendlich wenig Zugänglichen. Dieser "Punkt" des Verschwindens kann auch eine unendliche Wechselgeschwindigkeit sein, die wir als infinitesimale Ganzheit wahrnehmen. Das Unendliche erfüllt *beide* Funktionen: Aussöhnung und Wiederherstellbarkeit der Gegensätze.

*Damit gehe ich mich jetzt erst einmal aussöhnen.*

Und morgen stellen wir die Kreativität wieder her.

## Tag 6: Allumfassende Kreativität

*Ich habe mir eine kleine Zusammenfassung zum Thema Ganzheit notiert:*

*Jede Wahrnehmung ist individuell. Zum einen weil sie nur aus einer einzigen Perspektive möglich ist und zum anderen weil sie die wahrgenommene Struktur intuitiv vereint. Wenn wir die Per-spektive verändern, verändern wir deshalb die* ganze *Wahrneh-mung. Um unterschiedliche Wahrnehmungen in Bezug zueinan-der zu setzen, müssen wir zwischen ihnen* wechseln *und so eine* neue *intuitive Ganzheit bilden, die den Wechsel* als solchen *bein-haltet. Das galt allerdings schon für die erste Wahrnehmung, weshalb es* immer *um die Ganzheit von Wechseln geht.*

*Zum Glück nehmen wir diese zum großen Teil diffus als konden-sierte Einheit wahr, besonders wenn wir den Wechsel quer be-trachten, aber auch wenn wir uns in seiner Linie befinden. In letz-terem Fall tarnt das Kondensat unser Potential die andere Wech-selseite zu erreichen.*

Ich habe nicht geahnt, dass ich mich so verständlich ausdrücken konnte...

*...Wenn wir jedoch genau sein wollen, müssen wir den Wechsel bis ins unendlich Kleine verfolgen, um seine Ganzheit zu analysie-ren. Dabei finden wir, dass unterschiedliche Strukturebenen mit scheinbar unterschiedlichen Wechselgeschwindigkeiten geformt werden bis hin zur unendlichen Geschwindigkeit der Bewusstsein-seinheiten, von denen eine auch den Gipfel unserer scheinlang-samen Wahrnehmung bildet. Mit ihr ist die letzte Verbindung zwischen der intuitiven Ganzheit und den Seiten des Wechsels hergestellt.*

Amen. Ich gratuliere! Was machen wir mit dem Rest des Tages?

*Ich hätte da schon noch ein paar Fragen.*

Schießen Sie los.

*Sie sagten, All-das-was-ist habe eine Struktur. Wenn es aber durch alles wechselt und dadurch reines Potential ist, wie kann es dann eine bestimmte Struktur haben?*

Auf die Gefahr hin, dass Sie mich wieder verdächtigen, das Unendliche als Projektionsfläche zu missbrauchen: Ja, wir können Grundzüge einer *wahrscheinlichen Gesamtordnung* angeben, die sich aus ihrer Kombinationsfähigkeit und der ihrer Entwicklungsergebnisse ergibt. Das ist die gestern angedeutete hierarchische Ordnung von Ganzheiten, die Erzeugung beschränkter Gewahrseinsableger einer umfassenderen Wesenheit. Alle anderen Wechselvarianten bleiben unangetastet, wir werden nur weniger mit ihnen zu tun haben.

*Wir schreiben All-dem-was-ist also nicht vor, wie es zu wechseln hat?*

Nein, alle Wechselwege sind gleichberechtigt. Aber wir sehen öfter den einen als einen anderen, weil dies weniger innere Widersprüche erzeugt.

*Und das Potential All-dessen-was-ist wird dadurch nicht eingeschränkt? Und damit Wahlfreiheit überhaupt?*

Nein. Man kann allerdings nicht verlangen, dass selbst erzeugte Widersprüche an der gleichen Stelle geheilt werden. Wenn ich nach rechts und links zugleich gehen will, ist das "im Rahmen meiner Existenz" ein Widerspruch in sich. Ich kann ihn nur auflösen, indem ich diesen Rahmen erweitere, also zum Beispiel hochfliege oder mich aufteile. Wenn ich von All-dem-was-ist erwarte, dass es mir gegenüber Wechselstrukturen bevorzugt, die wenig anschlussfähig sind, wird es genau das *nicht* tun. Denn *für mich* existiert nur das, was im weitesten Sinn zu mir passt. Wir schaffen Gott nach unserem Bilde.

*Mir scheint, Sie haben Ihren Beruf verfehlt.*

Wem sagen Sie das?

*Im Ergebnis haben wir nun allerdings doch eine Einschränkung All-dessen-was-ist.*

Nur für uns. Wir haben versucht, in All-dem-was-ist etwas Konkretes zu sehen. Das ist berechtigt, da wir ja eine Beziehung zu ihm haben. Doch es ist bereits eine Kondensation, wenn auch für uns die allgemeinste.

*Unsere außerirdischen Freunde könnten also andere allgemeinste Strukturen in ihm erkennen?*

Dazu müssten sie uns wahrscheinlich so fremd sein, dass wir kaum noch von Freunden sprechen können. Aber auszuschließen ist es nicht.

*Und eine viel höher entwickelte Wesenheit könnte beide in einem noch Allgemeineren aufgehen lassen?*

Ja.

*Dann könnte also All-das-was-ist auch etwas ganz anderes sein als wir glauben?*

Sicher doch. Wir gehen hier mit dem, was wir wissen, so weit wie möglich, mehr nicht.

*Gut. Der Realitätstrichter ist dann das Abbild unseres sich verengenden Wissens, nicht wahr?*

Ja, wobei die engste Stelle auch für das absolute Universalkontinuum steht, das keine Unterschiede kennt.

*Daher ist es sowohl ganz "außen" als auch ganz "innen".*

Ja, und nur einen unendlich kleinen Schritt - einen infinitesimalen "Wechselschritt" - näher finden wir All-das-was-ist. Abstrakt können wir es uns zwar als unendlich großen Komplex vorstellen. Seine *konkrete* Komplexität aber ist im Trichterkanal, im Unterbewussten, wo wir sie als fast bis zur Strukturlosigkeit verdichtet gewahren.

*Ist das nicht mehr eine perspektivische* Überlagerung *von Details?*

Ja und nein. Wir können beliebig viele Details "nach hinten" verschieben, da wir vom geschmeidigen Unendlichen reden. Wenn wir jedoch fairerweise davon absehen, weil es sich bereits um die allseitig komplexeste Struktur handelt, verdichten wir sie immer noch zu einem diffus erscheinenden *Potential.* Die reine Dynamik All-dessen-was-ist vereint alle Strukturen als solche bei unendlicher Wechselgeschwindigkeit. Für uns langsame Weltbürger erscheint diese Geschwindigkeit als extreme Dichte.

*Erscheint mir auch so.*

Am Ende ist "Verdichtung" eine Metapher, die vieles beinhaltet, was uns in diesem Zusammenhang begegnet: Verwicklung wechselnder Perspektiven, Einfaltung von Strukturen, Kondensation von Dynamik. Oder in umgekehrter Richtung: Ausdruck in langsamere Formen, Erweiterung des Bewusstseins, Ent-Wicklung des Gewahrseins. - Wie auch immer: Die Dynamik All-dessen-was-ist ist das, was uns im weitesten Sinn am meisten beeinflusst.

*Und doch kann All-das-was-ist von unserer Einheit mit dem Universalkontinuum übertrumpft werden, wenn ich Sie in "Die Erschaffung der Realität" richtig verstanden habe. Denn aus der Einheit mit dem Zentrum entscheiden* wir.

Ist das eine Frage?

*Eigentlich schon eine Aussage. Oder sind Sie anderer Meinung?*

Nein, es klingt etwas mystisch, aber es stimmt: Im Universalkontinuum und damit in diesem tiefsten *bestimmten* Punkt des Trichters verschmilzt alles, auch alle anderen Trichter. Dieser Punkt existiert für *jedes* Gewahrsein. Und er fällt mit dem Zentrum jedes Wechsels zusammen, aus dessen i-strukturierter Einheit heraus wir entscheiden. Wir vollziehen daher grundsätzlich den gleichen Entscheidungsakt wie All-das-was-ist und können "Gott" folglich auch widersprechen.

*Umgekehrt betrachtet allerdings manifestieren sich in uns auch unzählige "göttliche" Entscheidungen...*

...weshalb unserem *Bewusstsein* vergleichsweise wenig zu tun bleibt. Betrachten wir hingegen unsere *gesamte* gewahrte Fokushierarchie als das, was uns ausmacht, entscheiden "wir" über buchstäblich alles was uns widerfährt.

*Das kann man schon eher Realitätserschaffung nennen. Was ist mit den Entscheidungen der anderen Trichter?*

Da sich alles andere Gewahrsein ebenfalls in unserem Trichterkanal drängt, tun es auch alle Alternativen und Entscheidungen dieser Individuen.

*Mit "Individuum" meinen Sie die ganze Fokushierarchie eines Gewahrseins?*

Schlicht ein Gewahrsein. Es ist ja immer eine einzigartige, unteilbare Perspektive von allem.

Gewahrsein = Realitätstrichter = Fokushierarchie
= Bewusstseinshierarchie = Wahrscheinlichkeitshierarchie

Habe ich eine vergessen?

*Ich weiß, Sie bezeichnen damit nur unterschiedliche Aspekte des universellen Wechsels. Zur Wahrscheinlichkeitshierarchie: Sie beinhaltet also auch alle individuellen Welten, zwischen denen andere Individuen entscheiden, ebenso wie diejenigen, die wir* nicht *gewählt haben?*

Da es keine endgültigen Grenzen geben kann, muss unser Gewahrsein einfach *alles* enthalten, eben All-das-was-ist. Das weitaus meiste davon ist uns aber nicht *bewusst* - bestenfalls als "Restempfindung" und schon gar nicht so wie es die anderen Individuen gewahren. Alles wird ja neu gemixt, wenn wir unsere Perspektive hervorheben. Andererseits haben wir nur den Wechsel und gehen nur aus ihm hervor. Wir bleiben uns daher der Individualität der Anderen *gewahr.* Der Übergang zu ihnen ist i-strukturiert, deshalb legen Sie mich bitte nicht auf eine Seite fest.

*Da war doch noch etwas mit der I-Struktur...*

Richtig, ich habe eine derartige Ahnung "infinitesimalere I-Struktur" genannt. Ein anderes Wort dafür gibt es nicht, da dieses Konzept grundlegend neu ist. Es handelt sich nicht um ein Kondensat, sondern um ein "Spüren des Pfades".

*Cowboy und Indianer?*

Die haben sich auch gespürt. Um beim Thema zu bleiben: Wir kondensieren natürlich immer irgendetwas. Doch das ist hier nicht der entscheidende Punkt, wenn Sie mir auch ein Wortspiel erlauben, sondern *überlagert* diesen. Das tiefere Gewahrsein wird durch die Näherungen, die wir aus dem oberflächlichen Teil des Wechsels bilden, *getarnt.* Salopp gesagt, tarnt das Auto den Klimawandel. Und von mir aus tarnt der Cowboy den Indianer.

*Aber vor ein paar Tagen haben wir geklärt, dass wir das Unendliche nur als solches vorwegnehmen können. Die Individualität der meisten anderen Welten geht also für uns doch verloren?*

Ich kann nur an Ihre Intuition appellieren. Wir nehmen den *Übergang* zum Unendlichen vorweg, also diesen *Akt*, nicht nur das Universalkontinuum oder die Zentralachse. Allein hätten sie keine Bedeutung, wie wir schon festgestellt haben. Im Übergang jedoch geht nichts verloren. I-Struktur ist gerade diese totale Einheit von Bestimmtheit und Unbestimmtheit innerhalb jeder nicht totalen Einheit. Wir können diesen Akt des Übergangs daher immer weiterführen und unendlich viel realisieren.

*Obwohl wir nicht wissen, was es sein wird? Einerseits ist alles schon da und andererseits nicht?*

Alles ist in All-dem-was-ist. Aber auch dem kann das meiste nur gewahr sein, da es individuell bleibt. Wir sagten, All-das-was-ist formt den Reflexionszustand des Universalkontinuums. Es *ist* diese totale Einheit von Bestimmtheit und Unbestimmtheit und weniger totalen Einheiten. Es wählt und formt.

*Jedes unendliche Gewahrsein ist also in ihm enthalten, sei es auch unendlich fern und unterbewusst. Auch wenn jede Wahl frei ist, wird demnach nur das geschaffen, was im allumfassenden Wechsel schon irgendwo vorhanden ist.*

Ja. Ist Ihnen die Wahl eines anderen unendlichen Universums etwa nicht kreativ genug?

*Wir sind wohl beide nicht sehr bescheiden. Gibt es nicht noch etwas mehr?*

Es gibt *uns*.

*Verstehe.*

Wirklich?

*Vielleicht können Sie es trotzdem erklären?*

Ja, wir lahme Enten schaffen das, was All-dem-was-ist nicht möglich ist: Einen *Weg* zu gehen, der sowohl frei genug gewählt *als auch* einzigartig ist. All-das-was-ist muss *zu uns werden*, um diesen Weg zu erfahren. Es kann diesen Weg nicht nehmen, denn *wir* wählen ihn.

*Sind wir nicht selbst ein Teil All-dessen-was-ist?*

Sind wir, aber auf eine Art, die unsere allumfassende Kreativität sichert - und ich denke, auch die aller anderen Individuen:

Kreativität = Langsamkeit + Wahlfreiheit
+ Unendlichkeit des Gewahrseins • Unendlichkeit des Weges

Fehlt eine der Komponenten, ist der Weg des Individuums entweder schon gegangen oder wiederholbar, und ohne die Unendlichkeiten sogar "unterhalb" von All-dem-was-ist.

*Warum kann er nicht wiederholt werden?*

Weil er dann bereits bekannt sein müsste. Doch zum einen kann niemand außer All-dem-was-ist *mit Sicherheit* unsere ganze Hierarchie, die diesen Weg geht, einnehmen und halten. Und zum anderen wird niemand - auch wir selbst nicht - *ewig* noch einmal die gleichen Entscheidungen treffen. Noch nicht einmal sehr lange, denn dafür müsste das bewusste Gewahrsein des weiteren Weges exponentiell wachsen - wegen der vielen möglichen Abweichungen. Die relative Langsamkeit der Erfahrung wäre auf diese Weise bald gefährdet.

*Oder wir verzichten auf einen großen Teil unserer Freiheit und lassen uns führen von All-dem-was-ist...*

Auch das wäre eine ständige Entscheidung. Eine minimale Restwahrscheinlichkeit für Sonderfälle genügt aber nicht, um die Kreativität fast aller langsamen Wege in Frage zu stellen.

*Und All-das-was-ist wiederum ist für diese Wege zu schnell. Genial.*

Danke. Jetzt brauche *ich* eine Pause.

## Tag 7: Ordnungstausch

*Ich möchte noch einmal auf die Wahlfreiheit zurückkommen. Ich frage mich, wie einander gegensätzliche Entscheidungen zweier Individuen zu einer freien Wahl jedes einzelnen führen können. Wenn ich zum Beispiel entscheide, diese Unterhaltung fortzusetzen und Sie entscheiden, sie zu beenden, sind wir dann beide noch frei?*

Es entsteht natürlich ein Gegensatz, insofern als es für mich jetzt schwieriger ist, Sie hinauszukomplimentieren. Und Sie haben es schwerer, mich zum Weiterreden zu überreden. Wir könnten zwar wieder auf die Frage verweisen, warum wir uns erst in diese Situation gebracht haben. Aber eine *grundsätzliche* Lösung sollte man nicht "nach hinten" verschieben. Sie muss auch hier und jetzt gelten.

*Darauf wollte ich hinaus.*

Also abgesehen vom Ursprung der Situation müssen wir - so wie wir uns *kennen* - auch *in ihr* noch ein gewisses Maß an Freiheit haben.

*Nicht nur in ihr, sondern überall! Denn solche Gegensätze dürfte es ja auf* allen *Ebenen des Bewusstseins geben. Jedenfalls auf den endlichen.*

Okay, aber der Reihe nach. Und reden wir lieber vom Gewahrsein, denn das verweist unmittelbar auf die *Übergänge* zwischen allen Individuen.

*Einverstanden.*

Wenn meine Entscheidung eine ganz *bestimmte* Entscheidung von Ihnen erfordert, muss diese Welt, in der Sie genau so und nicht anders entscheiden, in einem letztlich grenzenlosen All-das-was-ist realisiert werden. Und die Welt, in der Sie *anders* entscheiden, ebenso, denn ich hätte ja *auch* anders entscheiden können - in Ihrem Sinne.

*Also wird jede Version realisiert. So wie in der Viele-Welten-Deutung der Quantentheorie?*

Die Quantentheorie bietet in ihrer *heutigen* Form bestenfalls Gleichnisse für dieses Geschehen im täglichen Leben. Wir brauchen sie zu seiner Erklärung nicht. Wir wissen doch auch so, dass jede Welt individuell ist und realisiert werden muss, wenn das Universum keine endgültigen Grenzen hat. Mit der I-Struktur haben wir auch eine Begründung für die *Nähe* der Alternativen und statt Zufall haben wir eine *echte* Wahl zwischen ihnen.

*Spalten wir aber mit der Wahl unsere Welt ebenso auf wie in der Quantendeutung? In Ihrer Welt habe ich entschieden zu gehen und in meiner haben Sie entschieden weiterzusprechen?*

"Aufspaltung" trifft es nicht. Für die sogenannte Vergangenheit muss ja grundsätzlich das Gleiche gelten wie für die Gegenwart. Es sind unterschiedliche Entwicklungs- beziehungsweise Entscheidungswege, die sich treffen und trennen und zwischen denen ein ständiger Wechsel stattfindet. Die Wahrnehmung all dessen ist das individuelle Gewahrsein.

*Ich bin mir also, obwohl ich hier bleibe, auch der Welt gewahr, in der ich gegangen bin?*

Nur weniger bewusst, ja. Ich bin mir einer solchen Welt auch gewahr, aber auf meine Weise. Ebenso wie mir in einer Welt, in der Sie gegangen sind, diese Fortsetzung der Unterhaltung weniger bewusst ist, eher traumhaft, als entschwindendes Potential.

*Nun könnten Sie sich aber* ganz und gar *dafür entscheiden, mich rauswerfen zu lassen. Und ich könnte letztlich nichts dagegen tun. Wo ist hier meine Freiheit?*

Sie könnten *sehr wenig* dagegen tun. Nichts ist hier ganz und gar, sonst wären Sie schon weg. Doch die Frage ist berechtigt. Erinnern wir uns an All-das-was-ist, das in jedem Moment ein anderes unendliches Gewahrsein einnimmt. So einem Gewahrsein entspricht sowohl Ihre Realität als auch meine und sowohl unsere kollektive Näherung, in der Sie hier sind, als auch diejenige, in der Sie weg sind. Es gibt also letztlich keine widersprüchlichen Realitäten, weil sie nicht gezwungen sind, sich unter widersprüchlichen Bedingungen zu vereinigen.

*Mit "widersprüchlich" meinen Sie wieder selbsterzeugte "Widersprüche in sich", nicht kollidierende Entscheidungen?*

Ja, Widersprüche zu den eigenen Voraussetzungen, etwa wenn wir beide darauf bestünden, uns in *derselben* Realität durchzusetzen. Dann endet es mit Handgreiflichkeiten, und spätestens wenn die Polizei eintrifft, ist Ihre Freiheit im Eimer.

*Es gibt aber doch keine selben Realitäten...*

Nein, richtig. Erst wenn wir *beginnen* uns zu schlagen, schränken wir uns gegenseitig ein, denn das war es eigentlich nicht, was wir wollten. Wir haben beide versucht die Entscheidungsfreiheit des anderen zu *begrenzen*. Das ist hier der Widerspruch in sich: Wir können nicht Gegensätzliches wollen, ohne dem anderen eine Alternative zu lassen. Das ist ein selbstkonstruiertes Problem.

*Nach Ihrer Theorie müsste sich dieses Problem aber dennoch auflösen, indem der eine letztlich* einwilligt *zu verlieren.*

Nur eben zu spät, um die ungewollte Situation zu verhindern. Wenn wir es zum Extrem kommen lassen, können wir auch *beide* verlieren, indem wir uns gegenseitig umbringen. Doch wir können nicht beide gewinnen, ohne die selbstgewählten Voraussetzungen zu ändern.

*Die Frage wäre dann also: Wie stimmen wir uns miteinander ab, eine bestimmte Situation entstehen zu lassen, beizubehalten und zu ändern?*

Also eine "kollektive" Realität zu bilden, eine ihrerseits individuelle Näherung des Wechsels zwischen Individuen. Wie *einigen* wir uns auf irgendetwas? Wie treffen wir eine gemeinsame Wahl?

Wie gehabt können wir natürlich sagen, All-das-was-ist entscheidet als Ganzes und wir sind der aktuelle Gipfel, der daran beteiligt ist und das Ergebnis erlebt. Aber wir erleben uns ja als *unterschiedliche* Individuen und wollen auch wissen, wie diese einzelnen Phasen des allumfassenden Wechsels *zusammenwirken*.

*Genau. Raus damit!*

Ich nehme wieder den Begriff "Fokus", weil er so schön simpel ist. Eigentlich geht es, wie gesagt, immer um Gewahrsein, um dessen wechselnde bewusste Gipfel.

*Ja, klar. Fokus ist gut. Ein verschiebbares Bewusstsein innerhalb einer diffuseren Gesamtheit kann ich mir besser vorstellen.*

Der Fokus wechselt also zwischen Teilaspekten eines umfassenderen Fokus und ebenso zwischen diesem Ganzen und den Teilen. Alles ein einziges Gewechsel.

*Damit ist die Gesamtsituation beschrieben?*

Ja. Zum Beispiel wechseln wir die Blickwinkel, wenn wir uns alternative Fortsetzungen vorstellen, wenn wir uns ein bisschen ineinander hineinversetzen, wenn wir diskutieren. Diese dynamische

Situation hat einen Gesamtmittelpunkt und jeder Teilfokus hat seinen eigenen. Und alles ist i-strukturiert.

*Jetzt kommt's.*

Aus der Einheit mit diesen Zentren werden ständig Entscheidungen getroffen. Da allerdings die Teilfokusse in die Bestimmung des Gesamtfokus eingehen, ist ihr Bezug zum Gesamtmittelpunkt größer als zu jedem bloßen Berührungspunkt zwischen ihnen. Deshalb sind die Teilentscheidungen auch stärker mit der kollektiven Entscheidung verknüpft.

*Was heißt verknüpft?*

Wir reden von I-Struktur. Es werden Einheiten von Umschreibungen und Zentralpunkten gebildet, die immer an irgendeiner Stelle total sind. Sowohl in den Teilumschreibungen als auch in der Gesamtumschreibung. Und in jeder Zwischenumschreibung. Und da sich die Umschreibungen zum kollektiven Zentrum hin verdichten - sich dort ihr Bezug aufeinander verstärkt - werden dort auch die Entscheidungen stärker miteinander identifiziert.

*Dafür gibt es keinen anderen Begriff?*

Nein, so wie es für die I-Struktur auch keinen anderen gibt. Die I-Struktur verdichtet sich. Damit ist eigentlich alles gesagt. Denn so werden die Teilentscheidungen zu einer einzigen großen Entscheidung.

*Ohne Trennung?*

Trennung entsteht durch Verdrängung ins Unterbewusste. Aber wir reden von *bewussten* Entscheidungen. Diese entstehen aus der Einheit mit der Identität, aus der Identität von Identität und Unterscheidung.

*Alle entscheiden also in einem einzigen Akt zusammen?*

Konsequent bewusst gemacht - ja. Nur durch ständige Verdrängung ins weniger Bewusste entsteht der Eindruck *unterschiedlicher* Entscheidungen. Und nun kommen Sie mir nicht mit Wechselgeschwindigkeiten! Wie die zusammenpassen, haben wir ausreichend diskutiert.

*Mache ich nicht. Doch Sie müssen zugeben, dass der größte "Teil" dieser einzigen Entscheidung wieder im Unterbewussten getroffen wird.*

Es ist letztlich die Entscheidung All-dessen-was-ist, dem selbst immer eine Menge unterbewusst ist. Wie sollte es für uns anders sein?

*Schön, ich versuche mal zusammenzufassen: Eine Entscheidung wird aus der letztlich totalen Einheit der Alternativen - Individuen, individuelle Wege und so weiter - mit deren gemeinsamem Zentralpunkt und mit dem Druck der Wechselfortsetzung getroffen.*

So haben wir es vor ein paar Tagen besprochen.

*Diese Konstellation trifft auch auf jeden Teilaspekt des Gesamtwechsels zu, aber da die Teile auf ihre Gesamtheit bezogen sind, ist die besagte Konstellation um das Gesamtzentrum herum stärker konzentriert als wenn es sich nur um eine lose Ansammlung handeln würde.*

Es konzentriert sich die Verwickeltheit des Ganzen und damit diejenige der zu treffenden Gesamtentscheidung. Aber Sie dürfen sie ruhig I-Struktur nennen.

*Die I-Struktur, welche sozusagen Entscheidung an sich ist, wird also zusammengezogen und trifft ihre Wahl als Ganzes.*

Genau. Dabei ist es natürlich zwecklos, ihre Mitte irgendwo im Zimmer zwischen uns zu verorten. Es geht ja nicht um räumliche

Beziehungen. Überhaupt ist jegliche Ausdehnung nur eine Metapher für die *Nachvollziehbarkeit* der Wechsel. Wir haben infinitesimale Zentren an jeder Stelle, auch "zwischen" Teil und Ganzem,
was auch immer das "räumlich" bedeuten mag. Wenn sich die
I-Struktur verdichtet, nimmt allseits die Einheit von Identität und
Unterscheidung zu, was Notwendigkeit und Zufälligkeit verringert
und die Wahlfreiheit erhöht. Mit Informationsübertragung und
ähnlichen Bewegungen können wir das nicht annähernd erklären.
Aber sie sind Teilaspekte dieses Ereignisses.

*Sie postulieren also ein völlig neues Geschehen jenseits von
Übermittlung und Gleichzeitigkeit?*

Nicht jenseits, sondern diese einschließend als begrenzte Wahrnehmungen, Abstraktionen, Näherungen. Was würde es denn in
unserem Beispiel bedeuten, eine gewaltlose gemeinsame Entscheidung zu treffen, obwohl wir uns zunächst uneins sind? Wir
würden miteinander reden, Befindlichkeiten und Argumente austauschen, also sogenannte Informationen. Eigentlich aber werden
individuelle Standpunkte gewechselt, also Gipfel des Gewahrseins.
Wir ändern unsere Potentiale und ihre Bedeutung für unser Potential und so weiter, Rückkopplungen, Umschreibungen. Verstehen Sie, was ich meine?

*Ja.*

Aus diesem ganzen Gewechsel und Umgeschreibe können wir
Laute oder Schriftzeichen abstrahieren, die in ähnlichen Zusam-
menhängen häufig ähnliche Bedeutungen haben. Das sind quasi
unsere Informationsbits, wobei sofort klar ist, dass ein Bit nur im
Zusammenhang Bedeutung hat. Es ist die Kondensation eines
größeren Zusammenhangs zu einem kleineren Zusammenhang -
frei im Raum schwebendes Bit - der aber den Bezug zu seinem
Ursprung nie verliert. Denn wenn uns der Empfänger der kleinen

Bit-Zusammenhänge verstehen will, muss er gelernt haben, in welchen größeren Zusammenhang sie zu stellen sind. Was wir austauschen, sind also keine nackten Informationen, sondern Kontexte. Allerdings nur zu Bruchteilen, eben Bits, da der Rest vergleichsweise unverändert bleibt. Dieser wurde nämlich schon vorher ausgetauscht - *gelernt.*

*Interessant. Was aber, wenn wir gar nicht reden und keine Miene verziehen, sondern jeder nur im Begriff ist, das Gegensätzliche zu tun: Sie wollen aufstehen und das Gespräch beenden, aber ich bleibe sitzen? Wie kommen wir dann zu gemeinsamen Entscheidungen?*

Wie wäre es mit einem Blickduell?

*Ernsthaft?*

Na ja, es könnte darauf hinauslaufen. Nicht als Dominanzgehabe, sondern als nicht ausgedrückte Abstimmung. Bewusst oder unterbewusst.

*Sie meinen telepathisch?*

Vielleicht. Wie soll das ein äußerer Beobachter wissen, wenn wir es nicht ausdrücken? Wir könnten es nur als Beteiligte. Oder nicht einmal dann, falls wir uns dem *inneren* Ausdruck zu sehr verschließen. Wenn aber das Unterbewusste nicht völlig verschieden vom Bewussten ist - und in dem Fall könnte es kaum mit ihm verbunden sein -, dann ist es eine i-strukturierte Abstimmung aus gegenseitigem Gewahrseinswechsel heraus.

*Und was ist mit dem Bit, das wir auf den Tisch gelegt haben und das von jemandem wahrgenommen wird, der nicht unseren Kontext hat. Er liest zwar etwas anderes daraus, aber etwas liest er. Wie kann er das* überhaupt, *wenn* alles *kontextabhängig ist?*

Er dürfte noch nicht einmal einen reinen Unterschied lesen, meinen Sie?

*So kann man es sehen.*

Das stimmt, der ist auch eine Abstraktion. Wenn nicht, wäre er nämlich so konkret wie sein sogenannter Informationsträger, sagen wir ein Streichholz. Von mir aus auch ein Elektron.

*Dann frage ich anders: Warum sehen sich alle Elektronen so ähnlich und vor allem: Wie treffen sie Entscheidungen, wenn sie so einfach sind?*

Ah ja, jetzt könnten wir natürlich mit der Quantentheorie anfangen, die beschreibt, nach welchen Gesetzmäßigkeiten so ein Elektron erscheint, verschwindet, hüpft und wellt. Diese Wechsel erscheinen zufällig, nur statistisch vorhersagbar. Aber wir müssen verstehen, dass I-Struktur sehr viel feiner und komplexer ist als Elektronen oder Quarks. Denn sie umfasst auch "deren" sämtliche Kombinationen und Relationen, einschließlich denen des "Beobachters".

Ich kann Ihnen also nicht sagen, warum ein Elektron wo auftaucht. Doch wenn ich unsere Erkenntnisse über den Wechsel anwende, wird jede elektronenhafte Beziehung aus einem i-strukturierten Abstimmungsprozess hervorgehen, der zumindest elementare freie Entscheidungen beinhaltet.

*Das klingt nach einer Subquantenebene a la David Bohm plus freiem Willen ...*

Ob nach Bohm oder nicht, aber Subebene auf jeden Fall. Selbst wenn *wir* diese Subebene sein sollten.

*Wie?*

Vielleicht haben wir selbst etwas an uns, das Elektronen hervorruft und auflöst. Solange ich nichts Genaueres über diese Ebene weiß, kann ich sie nicht lokalisieren.

*Schön, lassen wir das Spekulieren. Die "Härte" der Materie-Wahrnehmung ist offenbar das "hard problem" - das schwierige Problem - aller idealistischen Theorien. Würden Sie sagen, dass Ihre Theorie idealistisch ist?*

Wenn Sie auf dieser schiefen Einteilung bestehen, ist meine Theorie letzten Endes idealistisch. Doch sie bietet ein neues Verständnis von Bewusstsein *und* Materie an, wobei sie zu dem Ergebnis kommt, dass es letztlich keine Materie gibt, sondern alles Bewusstsein ist. Gewahrsein vielmehr. Ohne dieses Verständnis wird man auch meine Erklärung des freien Willens nicht akzeptieren.

*Das denke ich auch. Sie setzen ja praktisch Entscheidungsfreiheit an die erste Stelle, während die Stabilität der Welt nun der Erklärung bedarf, statt andersherum.*

Andersherum hat man es seit Jahrtausenden vergeblich versucht. Übrigens auch auf dem sogenannten idealistischen Weg, also mit dem Bewusstsein an erster Stelle, auf dem die Frage der Wahlfreiheit ebenso wenig beantwortet werden konnte. Man hatte keine richtige Vorstellung vom Bewusstsein und kaum eine vom Gewahrsein.

*Ihr Begriff des Gewahrseins ist auch mehr als "Nondualität": konkreter, dynamisch und zugleich Ihre Erklärung von Materie.*

Ja, mit ihm wird das "hard problem" zu einem "soft problem". Dann geht es nicht mehr um den Grundsatz, sondern nur noch um die zu erforschenden Details. Eine solche Bewusstseinswissenschaft wird vor allem direkte Erfahrungen zum Gegenstand haben und über die heutige Psychologie weit hinausreichen.

*Wie aber erklären Sie damit zum Beispiel die fast sprichwörtliche Härte eines Billardballs? Nach Ihrer Vorstellung müssten wir doch ständig in ihn hineinfluktuieren. Warum sind wir seiner dann so stabil gewahr?*

Der Ball ist natürlich nur ganz oberflächlich ein Ball. Stattdessen weisen seine Atome auf viele kleine Bewusstseinszustände hin, die wir einnehmen können. Sie sind Aspekte unseres Gewahrseins. Doch sie sind unserem bekannten Bewusstseinszustand so fern, dass wir uns ihre ständige Einnahme schwer *zuordnen* können. Der psychologische Umweg ist zu groß, um uns aufzufallen. Deshalb unsere Täuschung über einen äußerlich "gegebenen" Ball.

Dabei kann der Wechsel zwischen einander so ähnlichen Fokussen wie den Atomen sehr viel dichter gewickelt sein, so dass ihre gemeinsame Näherung im Vergleich zu den lockeren Umschreibungen, die wir besprochen haben, massiv wirkt. Die möglichen Dichte-Unterschiede sind nichtlinear und daher gigantisch. So täuschen sie einen grundsätzlichen Unterschied vor, den wir als Härte wahrnehmen.

*Kann das auch der Grund für die größere Stabilität unserer Wesenheit sein? Sie ist doch aber kein Billardball, oder?*

Meine jedenfalls nicht. Sie vereint bedeutend vielfältigere Zustände und ist deshalb eine dynamischere Ganzheit. Ihre Stabilität muss daher mehr auf einer komplexen *Harmonie* ihres Wechsels beruhen, statt auf einer Angleichung seiner Phasen. Dazu kommt die perspektivische Verdichtung im Trichterkanal durch unsere Unwissenheit.

*Ich muss hier an Träume denken. In ihnen müssten ja ebenso Umschreibungen und Entscheidungen stattfinden, nur viel schneller.*

Wenn wir unsere Träume aufmerksam wahrnehmen, und damit meine ich vor allem die Empfindungen darin, stellen wir genau das fest: Die visuell unterschiedlichsten Szenen stehen in einer rückkoppelnden Beziehung zueinander, während wir aus diesen Umschreibungen heraus mit solcher Leichtigkeit Entscheidungen treffen, dass sie uns *spontan* erscheinen.

*Das könnten sie aber auch wirklich sein.*

Selbstverständlich. Das Unterbewusste bringt Lösungsvorschläge hervor, die mit unserem traumbewussten Urteil verkoppelt und schließlich verworfen oder weiterentwickelt werden. In jeder Szene gibt es mehr Anknüpfungspunkte als im Wachzustand. Diese hohe Beweglichkeit ermöglicht ein engeres Zusammenwirken des Traumzustandes mit dem Unterbewussten: Entscheidungsfragen werden wechselweise schneller bearbeitet.

*Vielleicht sollten wir uns mehr Tagträume gönnen.*

Ganz genau! Wir verschleiern mit unserem Beharren auf konzentrierter Wachheit zu viele Eingebungen. Es sei denn, wir wollen gar keine. Worauf ich aber hinauswollte: Die Beweglichkeit im Traum lässt uns die hohe innere Harmonie spüren - mit etwas Mühe sogar in einem Albtraum. Und das Beste: Diese Harmonie setzt sich im Wachen fort - nur nehmen wir sie dann weniger wahr. Wenn wir das Leben wie einen Traum deuten, wird uns das bewusster. Darauf hat mich Jane Roberts' Seth-Material gebracht.

*Apropos: In Ihrem ersten Buch weisen Sie noch auf einen starken Bezug zu den Seth-Büchern hin. Danach ist keine Rede mehr davon. Haben Sie sich von der Sethschen Lehre entfernt?*

Seth war zu 50% meine Inspirationsquelle. Doch Inspiration bedeutet für mich Anregung zur Weiterentwicklung. Ich versuche nicht mit Seths Weisheit zu konkurrieren, doch ich habe zum Teil andere Fragen gestellt und musste sie deshalb selbst beantworten. Meine Ergebnisse widersprechen Seth nicht, aber man kann das eine Konzept auch nicht aus dem anderen ableiten. Jedenfalls nicht in den wesentlichen Punkten. Beide Darstellungen zeigen unterschiedliche Seiten All-dessen-was-ist.

*Okay, Seitenwechsel: Ist ein nennenswerter Grad an Entscheidungsfreiheit auf ein Gehirn angewiesen oder zumindest auf eine sehr hohe Komplexität?*

Im Grunde nur auf ein Gewahrsein. Wir haben ja sehr einfache Umschreibungen besprochen, für deren Gewahrsein kein Gehirn nötig ist. Das brauchen wir nur für unsere Diskussion. Jede kleine Wechselwirkung muss schon zwischen Ganzheiten stattfinden, also aus Umschreibungen bestehen, und verfügt mit deren I-Struktur über Freiheiten. Allerdings kann diese Freiheit wirklich nicht groß sein, sonst würden sich diese einfachen Strukturen gleich wieder auflösen und kaum *als solche* wirken. Dagegen ist eine komplexe Struktur innerlich flexibler und bewahrt gerade dadurch ihre Gesamtstabilität. So kann sie sich auch äußerlich mehr Freiheiten leisten.

*Soweit diese nicht durch ihren Baumeister - im weitesten Sinn - eingeschränkt wurden. Wie für einen Computer.*

So ist es. Dessen Beschränkung besteht vor allem darin, dass er *nicht* komplex ist, bloß kompliziert. Wir wollen ihn ja durch starre Programmierung kontrollieren können. Natürlich ist auch ein sich eigenständig weiterentwickelnder Roboter mit einem viel flexibleren Denkzentrum denkbar, dem wir nur wenige Rahmenbedingungen vorgegeben haben. Ob eine solche Konstruktion zu einem freien Willen führt, den man von gelegentlichen Abstürzen unterscheiden kann, bleibt abzuwarten.

*Gewissermaßen sind wir damit aber wieder bei unbekannten Stabilitätsursachen - auch der Materie.*

Doch wir haben jetzt ein "Material" aus dem auch Stabilitätsgesetze konstruiert werden können: Die I-Struktur oder Wechselstruktur, die sich durch alles Beliebige zieht. "Wechselwirkung" ist nur eine Vereinfachung. "Materie" auch, aber sie löst sich eine Etage tiefer auf.

*Ein Stabilitäts- oder Symmetriegesetz, etwa der Energieerhaltungssatz, wäre damit eine Kondensation aus einer umfassenderen Wechselstruktur?*

Ja. Wechsel ist ohnehin symmetrieorientiert, da er ja "wiederkehrt". Das Kondensieren eines Wechsels der Potentiale zu einem Gleichgewicht *abstrakten* Potentials - also der Energie - ist daher keine allzu große Schrittfolge. Doch wie beim Wechsel muss es auch *Alternativen* zur Erhaltung der *bekannten* Energie geben. Nur deren "Angriffsfläche" wurde durch die Kondensation verkleinert.

*So könnten sich naheliegende spirituelle Sphären vielleicht doch in die Physik einmischen?*

Da bin ich mir sicher. Nicht nur im Quantenbereich, sondern überall wo wir nicht "hinsehen": zwischen bewussten Wechselphasen, nahe an der Trichterachse. Das *wahrgenommene* Energiegleichgewicht muss dadurch ebenso wenig gestört werden wie unsere alltäglichen Handlungen durch Sekundentagträume.

*Die Energieerhaltung ist also eine Kondensation aus einem vielseitigeren Gleichgewicht des Potentialwechsels. Potential aber ist kondensiertes Gewahrsein, und Gewahrsein ist i-strukturiert. Da-*

*mit wären sowohl dieses Potentialgleichgewicht als auch die Energieerhaltung im Grunde freiwillige Einigungen?*

Auf einem viel umfassenderen Niveau als uns bewusst ist, ja. Ein bisschen hilft vielleicht das Denkmuster der Quantentheorie weiter, das größere statistische Freiheiten erlaubt, aus denen die Energieerhaltung *gemittelt* wird. Möglicherweise kann man es auf Alltagssituationen erweitern wie in der Generalisierten Quantentheorie nach Harald Walach, Hartmann Römer und Walter von Lucadou. Doch ich denke, sogar das greift zu kurz.

Nehmen wir zum Beispiel das Konzept der Entropie - der energetischen Unordnung -, die in einem abgeschlossenen System ständig steigt und uns den Zugriff auf die in ihm enthaltene Energie entzieht. Die Entropie steigt allerdings auch wenn Energie in einem Schwarzen Loch aufgeht, da sie dann für uns ebenfalls weniger verfügbar ist. Nun könnten wir jedoch durchaus selbst in einem Schwarzen Loch leben, das so groß ist wie der bekannte Kosmos. Hier verfügen wir sehr wohl über diese Energie.

Worauf es also ankommt, ist die Verfügbarkeit in einem *vorgegebenen* System. Wenn in unserer Welt etwas zerfällt, kann sich seine Ordnung in ein anderes System zurückgezogen haben. Und wenn sie von dort in einer *neuen Form* wieder auftaucht, die wir *noch nicht verstehen* und deshalb *ignorieren*, ist der Kreis der Ordnungen geschlossen.

*Dadurch, dass er erweitert wurde.*

Weil aber Energie ohne ihre Verfügbarkeit bedeutungslos ist, sollte der Wechsel der Ordnungen zugleich als Wechsel der Energieformen verstanden werden - es sei denn, man *abstrahiert* bestimmte Energieformen aus diesem größeren Austausch und kondensiert so deren Erhaltung *unabhängig* von der Entropie. Dann hat man Energieerhaltung *trotz* Entropiezuwachs.

*Der Knackpunkt bei dieser Betrachtungsweise ist wohl das Wiederauftauchen der verschwundenen Ordnung.*

Da es keine absoluten Grenzen gibt, *muss* sie irgendwann auftauchen. Sogar das Schwarze Loch strahlt nach Stephen Hawking und John Preskill Energie und Ordnung in neuer Form - kodiert - wieder ab, wodurch es letztlich "verdampft".

*Was wenn die Entropie durch größere Verteilung der Energie steigt, wie bei der Ausdehnung des Weltraums? Wo soll die Ordnung dann wieder herkommen?*

Gerade wenn dieser Abkühlungsprozess nicht anders nutzbar ist, könnten "Weiße Löcher" im weitesten Sinn, also Energiequellen im Raum, die verschwindende Ordnung wiederverwenden, so dass ein Kreislauf auch der bekannten Energie entsteht. Wir können aber stattdessen diese Energie auch ohne "Weiße Löcher" und trotz Abkühlung und Nutzlosigkeit als konstant betrachten. Sie entschwindet dann buchstäblich unserem Blickfeld, doch wir wollen sie nicht loslassen.

*Wir sollten also besser mit dem Ordnungsgrad rechnen...*

...und unseren Begriff der Energieumwandlung zu einem Ordnungsaustausch erweitern. Damit wird er dem Potentialbegriff ähnlicher, wie ich ihn beschrieben habe. Und damit dem Gewahrsein.

*Hat angesichts dieser kosmischen Maßstäbe das, was wir tun, Bedeutung für andere Individuen? Oder sind wir - Hierarchiegipfel hin oder her - nur Fünkchen im All?*

Da wir alle Gipfel unseres individuellen Gewahrseins sind, das sich in alles andere Gewahrsein erstreckt, ist alles, was wir tun, im *umfassendsten* Sinn gleichwertig! Ganz oben ist immer nur eine einzige Bewusstseinseinheit. Der wahrgenommene Unterschied entsteht darunter - im größeren Bewusstsein - und löst sich noch weiter unten - im Unterbewusstsein - wieder auf.

*Die Bewusstseinseinheit ist aber winzig! Und wenn wir das Unterbewusste bewusst machen, stellen wir den bewussten Unterschied wieder her!*

Richtig. Doch Hierarchie ist Hierarchie, denn sie sind alle unendlich. Was ich entscheide, ändert die Wahrscheinlichkeiten in jedem anderen Gewahrsein und umgekehrt. Nur indem wir große Teile davon hartnäckig ausblenden, können wir unseren Einfluss vergessen oder an andere delegieren.

*Ganz konkret: Wenn ich die Armut in der Welt beseitigen will, kann ich dann mehr tun als Spenden und Petitionen unterschreiben?*

Sie *tun* bereits mehr, indem Sie etwas anderes wollen! Selbst wenn Sie gar nicht aktiv werden. Denn was Sie denken, fühlen, glauben und wünschen geht in den Fokuswechsel Ihres Gewahrseins ein und damit in das Gewahrsein aller anderen. Diese können das neue Potential zwar blockieren, denn sie entscheiden ebenso frei. Doch die Wahrscheinlichkeitsverteilung ihrer Alternativen hat sich bereits geändert.

Wenn Sie wirklich anders denken, werden Sie bald auch anders handeln. Das ist allerdings "nur" der sichtbare Teil, der seinerseits die unsichtbare Fokussierung stärkt. Insgesamt schaffen wir ein weltweites Kollektiv auf einander ähnlichen Wahrscheinlichkeitslinien. Mehr können wir kaum erwarten, da die Stabilität einer Situation auch tiefere Ursachen in uns selbst hat, die wir gar nicht ändern wollen und die uns meist auch wenig bewusst sind. So kann der Unterschied zwischen Arm und Reich zum Beispiel eine durchaus willkommene Herausforderung sein - für beide Seiten. Unabhängig davon, wie wir sie bewältigen.

*Dennoch kann die Erkenntnis, ein absolut einmaliges Individu-um unter anderen zu sein, einen Einsamkeitsschock auslösen!*

Dagegen muss die Erkenntnis helfen, dass wir eigentlich sogar viel enger verbunden sind als wir dachten, nur eben anders, dynamisch. Manche verwässern jedoch diese Verbindung gleich wieder zu einem diffusen Alles-ist-Eins-Bewusstsein, das zweifellos bequemer ist, aber nur ein Gefühlsbedürfnis befriedigt.

*Was halten Sie denn in diesem Zusammenhang von der vielbeschworenen Liebe?*

Das kommt darauf an, wie man Liebe versteht. Ich glaube, Sie meinen weder Sex noch Verliebtheit, denn beides ist ja eher befristet.

*Und beliebiger, als mir lieb ist.*

Ich weiß, was Sie meinen. Immerhin liegt dem bei vielen Menschen ein langfristiges Bedürfnis zugrunde: Sie wollen die Bindung aufrechterhalten und ausbauen. Was aber suchen sie über den Rausch hinaus? Eine sanftere Form, okay. Mittlerweile glaube ich allerdings, wir sollten unser Verständnis von Liebe entweder erweitern oder über diesen Begriff hinausdenken. Liebe ist das Ergebnis von etwas, dass wir nach heutigem Verständnis nicht so nennen würden.

*Was könnte das wohl sein? Etwa Ihre I-Struktur?*

Wenn Sie sie einmal unvoreingenommen betrachten, was empfinden Sie da?

*Höchste Abstraktion, würde ich sagen. Und ein gewisses "Schwimmen".*

Vielleicht ist das nur so, weil wir auf unser Denken angewiesen sind, das nicht alle Aspekte begreift. Wenn wir andererseits nur auf Gefühle setzen, haben wir ein "Verschwimmen". Eine tiefere Wahrheit würde *auch* in Form von Empfindung, Gefühl und Gedanke auftauchen. Sie hätte aber eine eigene Qualität, eine Feinheit und Klarheit, die - wenn sie harmonisch ist - umfassender befriedigt.

*Ist das der sogenannte Erleuchtete Zeuge?*

Ich weiß es nicht. Von einem Erleuchteten erwarte ich jedenfalls nicht ständigen Gleichmut - wie langweilig! -, sondern dass er auch dann, wenn er sich aufregt, weiß was er tut. Allerdings nicht, dass er alles steuert, nur dass er es im Notfall *könnte.*

*Ich habe Ihnen zugehört, aber ich musste mir gerade notieren, was mir beim Stichwort I-Struktur einfällt:*

- *Wechselweise Identifikation mit mir, dem anderen und dem Ganzen*
- *Gegenseitige Einfaltung und Entfaltung der Wechselseiten*
- *Existenz im anderen*
- *Spiegelung des Selbst*

Und sind das nicht alles Eigenschaften der Liebe? Ob nun in Bezug auf Menschen, Gegenstände oder All-das-was-ist? Wir können noch die Potentiale des Gewahrseins hinzufügen:

- Freiheit
- Harmonie
- Werterfüllung
- Kreativität

Auch das klingt für mich wie eine Umschreibung von Liebe.

# Literaturempfehlungen

**DIE ERSCHAFFUNG DER REALITÄT**

CLAUS JANEW

Ereignet sich die Wirklichkeit entsprechend unseren Überzeugungen? Ist der Ablauf des Geschehens im Grunde unsere Lesart einer simultanen Schöpfung? Sind wir vielleicht sogar der alleinige Schöpfer? Beim tieferen Blick hinter die Kulissen unseres Realitätstheaters offenbart sich ein faszinierendes Bezugssystem, aus dem heraus wir unser Leben wahrhaft frei und doch verantwortlich gestalten.

www.sumari-verlag.de

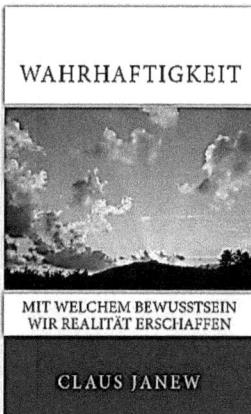

**WAHRHAFTIGKEIT**

MIT WELCHEM BEWUSSTSEIN WIR REALITÄT ERSCHAFFEN

CLAUS JANEW

Sind Sie eines Gute-Laune-Zwangs überdrüssig und wollen Ihre Probleme wirklich lösen? In dieser ungewöhnlichen Themenmischung von bodenständiger Lebenspraxis bis zu magisch anmutender Kreativität stehen vor allem Echtheit und Ernsthaftigkeit im Vordergrund. Die Kapitel von jeweils ein bis zwei Seiten bieten Ihnen hilfreiche philosophische, psychologische und spirituelle Einsichten und klammern auch "radikale" Ansätze nicht aus.

www.sumari-verlag.de